關西ART小旅

拜訪美術館、咖啡廳及設計旅宿，
激發靈感的美感路線提案

京都市京セラ美術

MIHO MUSEUM

Area 5：下京區

Area 6：其他區域

Part 3　大阪：
充滿活力的商業重鎮

　　每一次的大量書寫之於我都是再一次的學習，親臨現場感受，大量閱讀資料（有時候依著關鍵字會不小心越讀越偏門），消化整理，最後用自己的文字寫下來。

　　關西對我來說其實是個又遠又近的存在。雖然與東京說著相同的語言（關西腔可能也算是半種不同的語言？），但距離東京需要三小時新幹線車程的關西，在我心裡的距離其實不亞於台灣到關西，直到東京的求學生涯告一段落後，才開始有了頻繁走訪的機會。

　　疫情後第二次回到關西取材，或許是因為更知道要怎麼慢下腳步，不再像上一次一樣用緊迫的行程逼迫自己，反而有了更多更深的感覺。有時候才結束訪問就覺得真的好喜歡這個地方，好想好好寫，好好介紹給大家，想著腳步都輕盈了。

　　除了台灣人最熟悉的京都和大阪，這次也把觸角延伸到奈良、兵庫、滋賀，和或許最少被提起的和歌山，包下了整個關西領域。在每個縣市我依照自己的喜好挑選了一些喜歡的地方，幅員遼闊的關西和大都市東京當然有著完全不同的景緻，不管是貼近自然的，還是充滿歷史的。長途移動雖然很累，但看了中意的展，買了心儀的物件，和有趣的人們交流，體驗了美妙的空間，留下美麗的照片，一切還是很值得的。

　　這本書一樣以縣市區域劃分，讓大家可以從中選擇自己有興趣的地點，再連貫規畫成自己的行程。就算只加入一小部分，也希望能成為旅途中的新發現。

　　如果也能成為一本很棒的書就太好了。

窓話

滋賀縣是日本少數不靠海的縣，同時也坐擁全日本最大的湖泊琵琶湖，美麗水景加上被群山環繞的地景優勢，讓滋賀縣有著許多觀光名勝，像是佇立於琵琶湖中的「白鬚神社」、引水自琵琶湖的「八幡堀水道」等等，另外知名和牛品種「近江牛」也是不能錯過的美食。

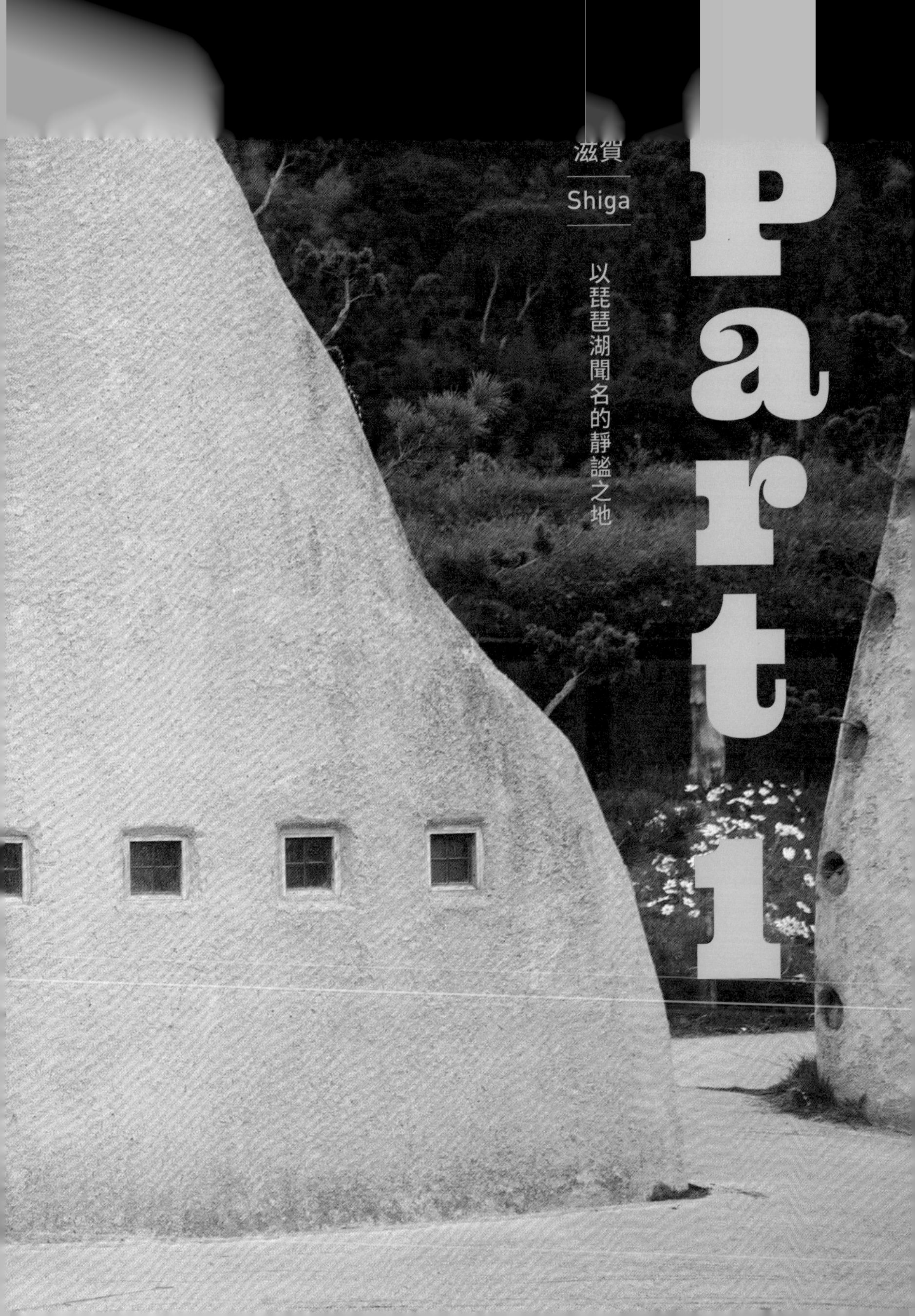

Part 1

滋賀

Shiga

以琵琶湖聞名的靜謐之地

隱身山中的現世桃花源
MIHO MUSEUM

　　《桃花源記》的故事相信大家一定都不陌生，故事敍述一位漁夫在溪流漂流之際遇見了一座陌生的美麗桃花林，忍不住穿越樹林與洞穴，就抵達了豐饒的桃花源。坐落在滋賀縣甲賀山間的 MIHO MUSEUM 爲建築大師貝聿銘發想自《桃花源記》的作品，抵達美術館後由售票的接待棟要出發往美術館棟時，首先會經過一整片的枝垂櫻林，再進入由銀色金屬板打造的隧道，隨著光影的變化走到出口後，映入眼簾的是吊橋的鋼索與開闊的天際線，而美術館棟就在眼前。Louis Vuitton 的女裝總監 Nicolas Ghesquière 曾率領團隊在 2017 年時選擇 MIHO MUSEUM 舉辦早春度假系列的發表會，利用隧道與吊橋打造出綿長的伸展台，完美結合地景，相信看過的人都會印象深刻。

　　美術館棟的入口看似不大，其實 MIHO MUSEUM 約有 80% 是覆蓋於地面之下，以盡量不破壞地景環境的方式建造。「我肯定來這裡的人將會明白，我是有意識地令此美術館與自然融爲一體。」貝聿銘曾如此表示，而入口大廳的玻璃屋頂正是這句話的體現，細緻的木頭格柵與金屬桁架之間透出背後的天空與山景，甚至那株以完美角度出現在窗框後頭的松樹，也是貝聿銘指定種植的。

走出吊橋就能看到帶有傳統建築元素的美術館棟入口。

透過玻璃、格柵與桁架能看到的景色。

　　MIHO MUSEUM 的館藏來自創立者小山美秀子的收藏，以日本
美術品爲始，延伸至埃及、西亞、希臘、羅馬、南亞、中國等地
的世界古代美術。美術館分爲南北兩館，北館圍繞日式中庭，以
展示非館藏的特別展爲主，訪問時的〈The 備前—土と炎から生ま
れる造形美—〉（The 備前—由土與火誕生的造型美—）展出一
系列由古至今的備前燒。備前燒有著一千多年的歷史，不使用釉

● 建築界的幾何魔術師：貝聿銘

　　被譽爲「現代主義建築最後大師」的貝聿銘擅長用幾何線條描繪出地標性
的建築物，透過玻璃帷幕的使用去操縱光線，法國羅浮宮的玻璃金字塔即
爲其代表性之作。而台灣也有三座建築物出自貝聿銘之手，包括與陳其寬
建築師共同設計的東海大學路思義教堂，以及新北市八里與新竹市南寮的
垃圾焚化廠，皆和他大部分的作品一樣稜角分明、造型獨特，宛如雕塑。

〈Fresco Fragment with Cupid〉。

由門扉圓形玻璃看見的群山。

1.〈Floor Mosaic Depicting Dionysos's Discovery of Ariadne on Naxos〉。
2. 大廳的天花板和燈都使用了大量的三角形。
3. 可以選擇乘坐接駁車或步行穿越銀色隧道。
4. 建築師貝聿銘指定種植的完美松樹。
5. 埃及區入口處，遠遠可以看到裡面的埃及女神像。

藥上色，僅靠著泥土原有的質感和火焰燒製出花紋，展現獨一無二的質樸之美。而館藏的美術品則集中在南館，一開始就為了收藏品量身打造的空間最能展現這些作品原始的魅力，像是以朱紅色為背景展示的巨大甘達拉佛像在天窗的光線照射下更凸顯其神聖氛圍，反之埃及藝品區則刻意將光線調弱而更顯神祕，完美的配置更加強了觀展者對於作品的感受。

另外館內的餐廳「Peach Valley」及咖啡廳「Pine View」使用的食材皆來自自然農法耕種，不含任何農藥及人工肥料，連砂糖、奶油、醬油等調味料都不馬虎，甚至還擁有自家的麵包、豆腐等工房，這也透露著創立者小山美秀子對於飲食生活的講究。坐在能看見山景的咖啡廳內享受健康精緻又美味的餐點，的確很適合作為訪問 MIHO MUSEUM 的美好結尾，在一個行程之內同時擁有大自然、藝術及美食，再奢侈不過。

準備離開 MIHO MUSEUM 時已過了閉館時間，漫步在無人的隧道頗有分不清自己所在之處的超現實感。在綿延的彎道突現出口景色的那一刻，不難想像春天櫻花盛開之際時被大片櫻花染上粉紅色的鮮豔風景，但秋天的枯枝也的確有其寂寥之美，雖然需要跋涉遙遠路途才能抵達，但絕對值得親身來體驗。

美術館／ MIHO MUSEUM

地址　滋賀県甲賀市信楽町田代桃谷 300
電話　0748-82-3411
時間　10:00 ～ 17:00，週一休
　　　另有冬季休館及展間休館
　　　請參考官方網站開館行事曆
網址　http://www.miho.or.jp/zh/
票價　¥1,300

將琵琶湖的水色引入風景
佐川美術館

　　說起滋賀縣，絕對不會遺漏占了縣地面積約六分之一的琵琶湖，穿梭在滋賀縣的各個景點時，一望無際的水際線總是會出現在視野之中。偌大的琵琶湖有座橫斷它的琵琶湖大橋，而佐川美術館就位於大橋側，彷彿想帶入琵琶湖的水文景觀一般，美術館的敷地也以景觀池大面覆蓋，水庭中佇立銀灰色的主建築物，在日本被稱爲「切妻屋根」的大片斜屋頂塑造出強烈的視覺印象，映照著天光與水色，更是爲整個空間帶來寂靜而神聖的氛圍。

　　佐川美術館開幕於 1998 年，作爲日本知名物流業者「佐川急便」的四十週年紀念而誕生，常設有日本畫畫家平山郁夫、雕刻家佐藤忠良的展館，2007 年也爲陶藝家樂吉左衞門興建了包含展覽空間與茶室的新館。美術館的設計與興建由歷史悠久的日本五大建設公司之一竹中工務店負責著手，曾奪下 GOOD DESIGN AWARD、JCD DESIGN AWARD、日本建築學會獎等知名大獎，除了讓人印象深刻的水景之外，光線的巧妙運用也是佐川美術館最美的地方之一，尤其樂吉左衞門館埋設於水庭之下並隱隱透著波光的展覽室，戲劇化的投影效果絕對是訪問時不可錯過的美景。

與水交融的建築立面。

陶藝家樂吉左衞門的展館。

1. 樂吉左衞門館的展覽風景。
2. 由樂吉左衞門本人設計的茶室「俯仰軒」。
3. 在「俯仰軒」內往外能眺望到水庭。
4. 稱作「水露地」的圓筒形水泥空間。

樂吉左衞門的茶碗等燒貫作品。

　除了三位巨匠級名家的作品之外，佐川美術館也致力於舉辦特別展，除了慕夏展、波士頓美術館展等王道類型之外，也不乏假面騎士展，或是資深搞笑藝人北野武的個展，較高的娛樂性質也能吸引更多平時對藝術疏遠的觀眾。2020 年的〈日本のアニメーション美術の創造者　山本二三展〉（日本動畫美術的創造者　山本二三展）更是能透過本人親選的背景畫、草圖、拼貼等一窺吉卜力動畫《天空之城》《螢火蟲之墓》《魔法公主》等名作的成形過程，闔家大小都能享受其中。

美術館／佐川美術館

地址 滋賀県守山市水保町北川 2891
電話 077-585-7800
時間 9:30 ～ 17:00，週一休
網址 https://www.sagawa-artmuseum.or.jp/
票價 依展覽而定，樂吉左衞門館茶室需事先預約
　　（一個月前開始可電話預約），入場費￥1,200

擺脫拘謹形象的在地美術館
滋賀県立美術館

　　與琵琶湖文化公園共構的滋賀県立美術館設立於 1984 年，當時名爲「滋賀県立近代美術館」，以滋賀縣出身的日本畫家小倉遊龜及紡織藝術家志村ふくみ的作品爲館藏大宗。2017 年因建築物老舊而暫時休館，美術館請來了新一代的設計團隊爲美術館做了全面性的更新，整體設計及室內空間由大阪的 graf（見 P180）擔綱，平面、logo、標示設計交由同樣來自大阪的 UMA/ design farm，燈具、長椅、指示牌等物件與咖啡廳、美術館商店使用的磁磚則是由在地的設計事務所 NOTA & design 進行製作，最終於 2021 年 6 月以「滋賀県立美術館」之名重新現身。

　　滋賀県立美術館期許能一掃一般美術館正式而拘謹的印象，成爲民眾能夠放鬆休息的所在，就像是公園內的客廳。也因此在重新定調內部空間區劃時，使用了更有親近感的命名方式，例如休憩區取名爲「有沙發的房間」，被廊道切爲兩半的庭院一側爲「雕刻的庭院」，另一側因放置有美國藝術家 Alexander Calder 的雕塑〈Flamingo〉（火鶴）而被稱爲「Calder 的庭院」，畫面感十足，也更有想像空間。

穿過公園後可以看到美術館建築物。

幅員廣大的公園，有許多當地人帶著小孩在裡面歇息。

1. 展覽現場：〈川內倫子：M/E 球体の上 無限の連なり〉(M/E 球體上的無限連續性），2023 年。
2. 挑高的美術館大廳，以及 UMA/ design farm 擔綱製作之展架構成的美術館商店。
3. 大廳旁由滋賀在地團隊 NOTA & design 規畫設計的展出。
4. 同時展出的〈川內倫子と滋賀〉（川內倫子與滋賀）系列。

開館以來，滋賀縣立美術館一直致力於呈現滋賀當地的魅力，2023 年 3 月訪問時恰好是滋賀出身的攝影師川內倫子的個展〈川內倫子：M/E 球体の上 無限の連なり〉（M/E 球體上的無限連續性），同時也是她首次在家鄉舉辦的大型個展。標題的「M」代表「Mother」（母親），「E」代表「Earth」（地球），同時也能組成「ME」（自己）。照片從冰島的火山到日常的風景，看似沒有關聯，但其實都是在自問生命與自然的關聯性。由中山英之建築設計事務所操刀的會場設計也和作品一樣，部分帶有輕盈的浮游感，部分如架設在戶外的山火照片，和成為背景的庭園相應之下，更顯得具有視覺衝擊。除了裝幀照片之外，運用影像和裝置的展覽方式也讓人印象深刻。

● 輕柔的表現生與死：川內倫子

川內倫子生於滋賀縣，於 2002 年以作品《うたたね》（瞌睡）及《花火》拿下被譽為攝影界芥川賞的木村伊兵衛賞，在最近也拿下 Sony World Photography Award 2023，成為第一位獲得此獎項的日本人。說到川內倫子大部分的人都會想起她極富透明感，以粉色調捕捉柔軟光線的系列，但其實她也擅長以優美的手法捕捉生命、死亡等主題，作品同時展現陰鬱與光明之美。

map

由下往上仰望就是星星形狀的雕塑作品。

　　走進美術館印象特別深刻的是館員們都非常親切！會熱心地指引路線和建議到庭院走走。在館員的推薦之下前往「雕刻的庭院」欣賞雕塑時，看到一個爸爸帶著兩個女兒開心地看著雕塑，喊著：「是星星的形狀耶！」我在稍遠處看著也不禁微笑了起來，或許這就是滋賀県立美術館期待呈現的樣貌吧。

美術館／滋賀県立美術館

地址　滋賀県大津市瀬田南大萱町 1740-1
電話　077-543-2111
時間　9:30 ～ 17:00，週一休
　　　展覽更換時可能臨時休館
網址　https://www.shigamuseum.jp/
票價　依展覽而定

以信樂燒連接起人、物、地
NOTA_SHOP/ NOTA & design

　　在訪問滋賀縣前，恰巧在朋友 instagram 的限時動態上看到
NOTA_SHOP 的照片，在能看見木構造架構的長屋空間中，木製
的長型展示台上擺放了各式陶器、生活用品甚至藝術品等，十分
讓人印象深刻。而當我抵達關西後，東京的日本設計師友人也馬
上私訊我說想推薦我一位朋友的作品，好巧不巧那位朋友就是
NOTA_SHOP 的主理人加藤先生。

　　NOTA_SHOP 所在的信樂地方以信樂燒聞名，說起信樂燒很多
人會有的印象即是具有幸運意涵的狸貓擺飾，但其實信樂的土質
得天獨厚，除了可塑性高以外也有著極強的耐火性，這個特質讓
信樂燒可以發展的項目更加不被限制，小至餐桌食器，大至園藝
用花盆，甚至家具擺件都能完美呈現。

店外可看到信樂遼闊的田野景色。

木造的外牆與映照著景色的窗。

● 歷史悠久的日本六古窯

古窯不同於受到中國及韓國外傳技術影響的近代窯，是日本自古以來燒製陶瓷器窯的總稱。由於取名的原因是爲了推廣日本陶瓷，最廣爲人知的美濃燒反而沒有包含在六古窯之內，六古窯包含了位於愛知縣的瀨戶燒與長滑燒、福井縣的越前燒、滋賀縣的信樂燒、兵庫縣的丹波立杭燒，以及岡山縣的備前燒，這六座古窯至今仍未曾停歇，持續生產著風格不同的美麗陶器。

NOTA_SHOP 坐落的場域曾經是製作信樂燒的工房，主理人加藤駿介出生於信樂，曾前往京都和倫敦求學，也曾在東京的廣告公司任職，但繞了一圈最後還是回到自己生長的土地，和妻子一起成立了設計製作陶器爲主的設計工作室「NOTA & design」及販售商品的「NOTA_SHOP」。實際前往時，加藤先生也帶我們走訪了工作室的區塊，挑高的工房空間裡有著巨大的瓦斯窯爐，一旁放置著信樂燒製成的茶几等成品，但更多的是實驗階段的試片和半成品等，能夠看出縝密的製作軌跡。商店部分除了販售由日本各地挑選的美麗物件之外，也作爲展覽空間不定期舉辦海內外藝術家展覽，店內一角也有販售咖啡及飲品，逛累了也能在店裡稍作歇息。

「NOTA」的原意指的是製作陶器時用來接合陶土的黏著劑，加藤先生表示自己的立場其實很特殊，雖然在製陶，但既非藝術家，也非單純的生產者，不過正因這樣他更能活用自身優勢，連結設計與產地，不管是製作或挑選，一樣都能流傳到更廣更遠的地方。

1. 傍晚透進大量光線的店內。
2. 工作室內大量的試片和試做品。
3. 店主加藤先生親自沖了咖啡招待我們。
4. 在工作室內的制高點往下看，深處是最大的窯。
5. 店內使用白色牆面區隔出的小型展間。

map

除了工藝品之外也有許多生活雜貨，不小心就認真逛了起來。

複合式商店／ NOTA_SHOP / NOTA & design

地址 滋賀県甲賀市信楽町勅旨 2317
電話 0748-60-4714
時間 11:30 ～ 18:00，週二休
網址 https://nota-and.com/

彷彿走進異世界的甜點草屋
La Collina 近江八幡

　　近江八幡是關西區域知名的水鄉，安土桃山時代爲了運送物品同時防禦八幡山城而建造了連接琵琶湖的運河，也因此奠定了近江區域發展商業的基礎，在江戶時代成爲了連結大阪與東京的重要樞紐，其城市紋理保留至今，目前也是日本的重要傳統建造物群保存地區之一。

　　創立 La Collina 的母公司「たねや」（種屋）也曾是在近江八幡販售穀物、根莖類蔬菜種籽的商家，其後轉身製作和菓子與西洋甜點時也保留了當初的名稱，不忘記取經自自然的精神，在 2015 年回到他們起家的近江八幡開設了 La Collina 近江八幡作為最主要的販售據點。「La Collina」是義大利文的「山丘」之意，襯著背景的八幡山，建築師藤森照信打造出一座猶如綠色山丘的巨大屋頂，覆蓋著滿滿草皮的屋頂上還鑲著玻璃窗與小樹，魔幻的景色讓人忍不住懷疑自己是不是走進了異世界，或是童話故事的場景。

庭園內也有些適合拍照的造景！

園區內的地圖簡直像是童話故事書。

1. 天花板上有著滿滿的不規則小塊木炭裝飾，據說是螞蟻的象徵。
2. 順應木頭原本形狀做出的落柱。
3. 牆面上展示了大量的和菓子模具
4. 由銅片構成屋頂的這棟建築物是辦公室。

map

● 自然派的建築偵探：藤森照信

藤森照信成長於環抱山野的長野縣，在自然環境的薰陶之下孕育出他擅長結合泥土、石材與植栽等自然元素的獨特風格，並以不需工業化模矩製造的小型建築為主，尤其茶室設計更是占了作品的半數，台灣也能看到「美檜亭」及「老懂軒」（現存於宜蘭中興文化園區）等茶室作品。從藤森照信有機而奔放的作品之中很難想像他其實從學生時期即是研究日本近現代建築史的建築史專家，曾經出版多本以「建築偵探」為主題的書籍，書寫他對於近代建築的敏銳觀察。

　　主建築物的內部是和洋合併的點心販售區，不管是日式的生銅鑼燒、饅頭還是西式的年輪蛋糕均有支持者。園區內也還有咖啡廳、麵包店，甚至たねや總公司等空間，是 La Collina 以不破壞自然的節奏陸續擴張建造而成。中庭區域一片綠油油的景緻也並非裝飾，是貨真價實的農田，種植著稻米蔬菜等作物。而 La Collina 的野心尚未結束，關於地圖尚未完成的區塊，未來還有幼稚園、蕎麥麵店、茶室等計畫，讓人不免期待 La Collina 在多年後能成為更與自然共生的空間，並持續傳遞這個理念給更多人們。

甜點賣場／ La Collina 近江八幡
地址　滋賀県近江八幡市北之庄町 615-1
電話　0748-33-6666
時間　9:00 ～ 18:00
網址　https://taneya.jp/la_collina/

曾經身為日本首都的京都，是日本中古至近代重要的政治及文化中心，同時也因為建都得早又保存良好，寺廟古蹟林立，街道巷弄之間總充滿了日本自古以來的舊時代風情，也因此深受外國觀光客喜愛。不只延續傳統，混合了新潮氛圍並獨具個性的店家、品牌、藝廊等空間也不在少數，是個十分適合散步探險的城市。

京都

Kyoto

最具日本風情的傳統古都

Part 2

Area 1

左京區　Sakyo ku

京都人嚮往的文藝地段

左京區是京都市第二大的區域，由於日本天皇寶座「高御座」面向南方，在地圖右手邊的這個區塊對天皇來說是左側，因此稱為「左京區」。京都的一流學府和高級住宅區也聚集於此，是充滿人文藝術氣息，京都人嚮往的地段之一。

| 美術館 |

最具歷史的美術館建築再造
京都市京セラ美術館（京都市京瓷美術館）

　　平安神宮周邊的岡崎一帶應該是一般觀光客甚少涉足的區域，這裡齊聚了有京都市京瓷美術館、京都國立近代美術館、京都會館等文化藝術景點，一下車走近就能感受到屬於當地人的悠閒生活感，值得花上一整天深入體驗。

　　京都市京瓷美術館原名「京都市美術館」，開館於 1933 年，在日本是僅次於東京都美術館第二資深的公立美術館。不過由於東京都美術館的舊館早已拆除（目前的建築爲 1975 年建築師前川國男所設計的新館），京瓷美術館就順理成章成爲日本目前最具歷史的美術館建築。雖然在 2017 年也展開了大規模的休館整修，由建築師青木淳與西澤徹夫攜手拿下的這個改建案，並未在舊建築本身做太大更動，轉而將重點放在美術館正面以斜坡所構成的廣場，希望能成爲訪問岡崎的人們日常休憩的空間，也能舉辦戶外活動引來人流。而斜坡切出的建築體地下部分則使用了帶狀的流線玻璃帷幕，爲空間帶來了青木淳擅長操作的明亮輕盈感，整體更具有穿透性，令人印象深刻。

美術館的正面外觀，可以同時看到舊建物和新的玻璃帷幕。

就算經過翻修，美術館內部空間仍保留了許多創建當時的樣貌。

1. 井上隆夫，〈Tower of Broken Tulip〉，2023 年。
2. TAKT PROJECT，〈glow ⇄ grow: globe〉，2023 年。（藝術家自藏）
3. 展覽現場：〈跳躍するつくり手たち：人と自然の未来を見つめるアート、デザイン、テクノロジー〉
　　（跳躍的創造者：從藝術、設計和科技展望人與自然的未來）。
4. 設計師田村奈穂的燈飾作品〈Flow [T]〉宛如流動的波光，2013-15 年。
　　（WonderGlass 收藏 ©WonderGlass）
5. GO ON，〈100 年先にある修繕工房〉（100 年後的修繕工房），2023 年。（藝術家自藏）

　　隨著玻璃帷幕往下進到美術館主館建物內，在爬上樓梯後，映入眼簾的是美術館開闊的中央大廳，有著 16 公尺高度的這個空間原本是美術館的大陳列室，但在這次的改建後變身爲連接各設施的節點。旋轉梯和波浪狀的二樓平台讓原本古典的空間更增添了俐落而現代的層次，是會讓人想停留細細品味拍照的美好空間。

　　在準備整修的期間，美術館也將命名權招標，最後由精密製陶起家，旗下曾生產知名相機品牌 CONTAX，目前以生產電子製品爲主的「京瓷」拿下，京都市美術館也正式改名爲京都市京瓷美術館。2020 年 3 月重新開館後，拉開展覽序幕的是攝影大師杉本博司的展覽〈瑠璃の浄土〉（琉璃淨土）。杉本博司本人親自前往京都拍攝了三十三間堂的千手觀音立像，並首次展出拍攝光源構成的彩色作品〈OPTICKS〉系列，建構出莊嚴靜謐如琉璃淨土的一次展覽，希望能讓觀展者在觀展的同時也能檢視自己的內心。

● 攝影界的哲學家：杉本博司

杉本博司出生於東京，大學畢業後赴美開始學習攝影，他的作品經常充滿嚴密的計算及設計理念，例如於 1978 年開始在美國老電影院拍攝的〈劇場〉系列。他在電影放映期間利用長時間曝光的方式捕捉影像，拍攝下的照片或許看來只是一塊白色發光的螢幕，但表達出的卻是一段曾經存在過，被曝光的時間。其後 1980 年開始拍攝的〈海景〉系列則爲他的代表作，在世界各地以無限遠的焦距拍攝海景，海岸線幽靜的時間與空氣在黑白灰階漸層之下充分展現。〈海景系列〉的其中七幅作品目前也展示在他自身發想、建構的江之浦測候所，能在其中觀賞到海天一線的實景與作品相映成趣。

館內大廳和側邊的旋轉樓梯都畫面感十足，很適合拍照。

map

最近前往觀展時則觀賞了於新館東山立方展覽的〈跳躍するつくり手たち：人と自然の未来を見つめるアート、デザイン、テクノロジー〉（跳躍的創造者：從藝術、設計和科技展望人與自然的未來），策展人川上典李子邀請了新銳藝術家們對現代科學技術進行詮釋，由不同的領域及視野出發，帶出藝術家們對於未來的想像與展望。例如以京都爲據點的傳統工藝新生代接班人組成的創意集團「GO ON」，他們分別有著西陣織、茶筒、金網等不同專長，除了關注自家工藝發展外，也齊心在國內外推動更多傳統工藝的可能性，本次展出的作品〈100 年先にある修繕工房〉（100 年後的修繕工房）則提出許多傳統工藝融入一般日常生活科技產品的假說。活躍於紐約的設計師田村奈穗則展出燈飾作品〈Flow [T]〉，作品彷彿凝縮了威尼斯運河的光景，襯上背後的美術館庭園，是會讓人忍不住停下腳步安靜觀看時光流逝的美麗作品。

美術館／京都市京セラ美術館
地址 京都府京都市左京区岡崎円勝寺町 124
電話 075-771-4334
時間 10:00 ～ 18:00，週一休
　　　例假日開館，元旦假期休館
網址 https://kyotocity-kyocera.museum
票價 特別展依展覽而定／常設展 ¥730

| 美術館 |

京都唯一的國立美術館
京都国立近代美術館

　　京都国立近代美術館開幕於 1963 年，當時爲日本第一座國立美術館東京國立近代美術館的京都分館，其後才於 1967 年獨立，並在 1984 年找來建築師槇文彥興建，最後在 1986 年完工。京都国立近代美術館與東京的 Spiral 大樓於同一時期設計，兩者同樣以方格及幾何元素構成，透明玻璃、乳白玻璃和花崗岩做出立面材質的不同層序變化。爲了保護景觀，岡崎區域有著特別嚴謹的建築規定，所有的建築物都不能高於平安神宮高約 24.4 公尺的大鳥居，只能靠玻璃部位機能性的導入光線營造遼闊感，可以從館內眺望岡崎疏水或大鳥居，將周邊的景色也收進視野裡。

● 著眼都市的現代主義大師：槇文彥

　　建築師槇文彥師承丹下健三，大部分的人都知道他曾參與丹下健三領軍的代謝派活動。他也是繼恩師丹下健三之後，在 1993 年拿下普立茲克建築獎的第二位日本受獎者。他擅長以功能性爲主要導向的現代主義建築，雖然簡約而沒有多餘的裝飾，但仍能導入在地都市的歷史文化脈絡，東京表參道的 Spiral 大樓與代官山的集合住宅群 Hillside Terrace 都是他的代表作。

朱紅色的平安神宮大鳥居。　　　　　　　　美術館的大廳空間也會有作品展出。

1. 恰好遇見充滿活力的學生啦啦隊在此表演。
2. 戶外的展覽主視覺海報十分搶眼。
3. 展覽現場：〈ドレス コード？──着る人たちのゲーム〉（Dress Code ？著用者們的遊戲）。
4. hibi，〈ひびの、A to Z〉（hibi 的，A to Z），2019 年。
5. 展覽上展出了從古至今的各種服飾。

以日本的近代、現代美術，特別是以京都爲中心，西日本的作品爲最大宗館藏對象，京都国立近代美術館的展覽也大多以此爲主題，不過也曾經展出瑞士視覺藝術家 Pipilotti Rist 的回顧展〈ピピロッティ・リスト：Your Eye Is My Island －あなたの眼はわたしの島－〉（Pipilotti Rist：你的眼是我的島）。展覽建議觀展者自行攜帶鞋袋，可以脫下鞋子自在地體驗 Pipilotti Rist 色彩斑爛，超現實而抽象的世界觀。另外也曾舉辦過以時尚爲主題的展覽〈ドレス コード？――着る人たちのゲーム〉（Dress Code ？著用者們的遊戲），主視覺上印有水汪汪漫畫眼的紅色禮服來自設計師川久保玲的品牌 COMME des GARÇONS，而畫作則出自擅長少女畫的畫家高橋眞琴。展覽除了展出由 18 世紀至今的服飾外，也以現代藝術探討關於「看／被看」等社會層面的著裝文化。這些年輕化的展覽也讓京都国立近代美術館吸引更多年輕人的目光，成爲更平易近人的存在。

美術館／京都国立近代美術館
地址 京都府京都市左京区岡崎円勝寺町 26-1
電話 075-761-4111
時間 9:30 ～ 17:00，週五、六 9:30 ～ 20:00，週一休
網址 https://www.momak.go.jp
票價 依展覽而定

| 美術館 |

日本古美術愛好者必訪
細見美術館

　　岡崎區域的美術館各有所長，如果喜歡日本古美術的話，細見美術館就是不能錯過的地方。開館於 1998 年，細見美術館的館藏皆來自經營紡織業的細見家祖孫三代陸續收集，由可朔源於桃山時代後期的造形藝術流派琳派作品開始，及平安時代由古墳出土的佛像、佛具，一路到江戶時代的繪畫都在館藏範圍，包含數十件重要文化財。由於琳派作品所藏豐富，細見美術館甚至有了「琳派美術館」的別稱。

● **影響後世極深的日本：琳派**

　　琳派和其他日本傳統藝術流派不同，不經由師徒，而是透過同傾向的表現手法傳承。此一精神與藝術風格由本阿弥光悅與俵屋宗達創始，他們多在背景使用金箔，構圖大膽，強調畫面的平面性，大部分以花草植物為創作題材。琳派的「琳」字取自代表性畫家尾形光琳，影響後世極深，日本平面設計大師田中一光的作品中亦能看見許多琳派的痕跡。這個影響遍及世界，像是印象派、新藝術運動以及維也納分離派創始人之一克林姆（Gustav Klimt）作品中的裝飾性，也多受到琳派啟發。琳派代表作品俵屋宗達的〈風神雷神図〉及尾形光琳的〈紅白梅図屏風〉皆為日本國寶，目前分別收藏於京都国立博物館及靜岡縣熱海市的 MOA 美術館。

對面的ロームシアター京都（京都會館），進駐有蔦屋書店。　有著沉穩土橘色外觀的細見美術館。

map

擁有大挑空的內部空間，明亮開放。

　　美術館的頂樓設有傳統數寄屋造建築的正統茶室「古香庵」，可以品味美味抹茶與茶點，事先預約的話也能體驗傳統茶道。另外細見美術館的對面就是由前川國男設計的ロームシアター京都（京都會館）是被收編進日本現代主義建築百選之一的建築物，建築迷們記得一起逛逛。

美術館／細見美術館
地址　京都府京都市左京区岡崎最勝寺町 6-3
電話　075-752-5555
時間　9:30 〜 18:00，週一休
網址　https://www.emuseum.or.jp
票價　依展覽而定

水岸旁的藝術空間
MORI YU GALLERY

　　圍繞著岡崎區域一帶的河川稱為岡崎疏水，是明治時期為了將琵琶湖的水引至京都市而建造的水路「琵琶湖疏水」的其中一段，兩岸種滿櫻花的岡崎疏水在春季也是京都的賞花名所之一，也有許多人會選擇從南禪寺附近的船埠乘坐具有傳統風情的十石舟遊覽水岸風光。

　　沿著岡崎疏水往鴨川方向走，黑色木造的 MORI YU GALLERY 就在路上。以京都在地藝術家為中心，無論年輕或資深，希望能表達不受時代潮流影響的藝術思想。這次觀賞了 2022 年逝世的影像藝術家飯村隆彥的展覽〈Video Field〉，他身為日本實驗電影的先驅，大多使用八釐米或十六釐米底片創作，研究所時修習的「映像芸術論」也曾探討過他的作品，其中又以這次也有展出，由他和建築師磯崎新合作拍攝的作品〈間：龍安寺石庭の時／空間〉最讓我印象深刻。他以非常緩慢的推軌鏡頭拍攝龍安寺的十五顆石頭，這次展覽也特別規畫了一個小房間單獨放映這部作品，讓觀展者可以安靜地體感時間的經過。

途中經過的水岸。

由黑色木頭構成立面的
MORI YU GALLERY。

map

展覽現場：〈Video Field〉，2023 年。

展覽空間／MORI YU GALLERY

地址 京都府京都市左京区聖護院蓮華蔵町 4-19
電話 075-950-5230
時間 12:00 ～ 18:00，週一、二、假日休
網址 http://www.moriyu-gallery.com

世界第一座戶外繪畫庭園美術館
京都府立陶板名画の庭（京都府立陶版名畫之庭）

　　京都府立陶板名画の庭的前身爲建築師安藤忠雄 1990 年爲「國際花與綠博覽會」（通稱大阪花博）所設計的「名画の庭」，當時展示了莫內的〈睡蓮〉、米開朗基羅的〈最後的審判〉、達文西的〈最後的晚餐〉及我們熟悉的張擇端的〈清明上河圖〉四幅陶板畫作品。陶板畫製作時需使用名畫的正片複寫到陶板上燒製，再經過多次補色作業，才能完成跟原畫相近的質感，成品不易因環境或碰觸而改變色彩，十分適合長時間擺放於戶外展覽。

　　1994 年京都府立陶板名画の庭成立，希望能讓民眾更輕鬆地接觸名畫與藝術，京都府將門票設定爲破盤價 ¥100，也可購買一旁京都府立植物園的通票，一同造訪只需 ¥250。畫作也新增了鳥羽僧正的〈鳥獸人物戲畫〉、喬治・秀拉的〈大碗島的星期天下午〉、雷諾瓦的〈陽台上的兩姊妹〉和梵谷的〈星空下的絲柏路〉，總共八幅作品作爲庭院內的主角。作品多爲原圖的比例，甚至其中幾幅作品還放樣爲兩倍大小，可以近距離的看見更多細節。

入口處迎面而來的就是多道水泥牆面及遼闊的水景。

能在迴旋的動線上用不同角度欣賞名畫。

幾乎還原原本尺寸的〈最後的審判〉。

　　建築一樣由安藤忠雄一手打造,坡道與階梯的錯落交疊出空間的層次,清水模牆面及水景則形塑出非機能取向的迴遊空間,是可以從不同高度與角度觀賞畫作不同表情的絕佳機會。

美術館／京都府立陶板名画の庭

地址　京都府京都市左京区下鴨半木町
　　　(京都府立植物園北山門出口東側)
電話　075-724-2188
時間　9:00 ～ 17:00(最終入場時間 16:30)
網址　http://kyoto-toban-hp.or.jp
票價　¥100 ／植物園通票 ¥250

藝術資訊交流站

ホホホ座 浄土寺店 （HOHOHOZA 淨土寺店）

　　ホホホ座浄土寺店就坐落在白川通附近，可以在哲學之道散完步後一併造訪，京都大學和京都藝術大學也都在附近，是有著幽靜生活感的區域。

　　除了本店淨土寺店之外，有著「ホホホ座」之名的店家在全日本還有數家，營業項目各自不同，特別的是這些店家只是共享店名而並非分店，各店既維持著聯繫又是獨立的個體，彼此各自在自己的領域持續發聲。ホホホ座的前身爲京都知名書店「ガケ書房」（Gake 書房），經營者爲現在淨土寺店的店主之一山下賢二先生。

　　山下先生曾經表示ホホホ座並非書店，而是「有很多書的伴手禮店」。除了大量帶著說明的手作雜貨之外，店內書籍的分類方式也十分有趣，最特別的是有個綜合了「藝術與生存方式」的書架。曾在訪問中看過山下先生說，他覺得實體店面最有趣的地方就是會有人所產生的錯誤，例如如果有人不小心把看過的書放錯

隱身在舊建物內的入口處。

騎樓內左側有著店名塗鴉牆，和大量的藝文海報與傳單。

同時陳列著書和大量雜貨的店內。

分類，那麼下一個客人可能就會不小心接觸到原本並未預計要看的書，他覺得很有趣，所以甚至會故意把書放錯。下次如果有機會訪問ホホホ座，或許可以順便找找看這個意圖性製造出的美好錯誤。

書店／ホホホ座 浄土寺店

地址 京都府京都市左京区浄土寺馬場町 71
電話 075-741-6501
時間 11:00 ～ 19:00
網址 http://hohohoza.com

|寺院|

期間限定開放的美麗祕境
琉璃光院

　　第一次知道琉璃光院是在網路上看到朋友的分享，看著環繞寺院的紅色楓葉映照在如鏡般的桌面上，眞的是不得不爲此美景所震撼。

　　琉璃光院的建築爲數寄屋造，意爲融入了茶室風格的傳統住宅樣式。去探究了歷史才發現，早期這棟建築是由明治大正時期的企業家田中源太郎所建，在他過世後，這棟擁有廣大腹地的宅院便成爲他創立的京都電燈的社長別墅。其後京都電燈解散，旗下的電車事業在轉交京福電氣鐵道經營的同時，別墅也一同歸屬給了京福電氣鐵道。京福電氣鐵道使用最當初田中賜給這棟房子的名字「喜鶴亭」爲名義，開始經營高級料理旅館。而高級料理旅館也熄燈了之後，主院位於岐阜的光明寺認爲就此荒廢十分可惜，於是買下整頓，在 2005 年重新以佛教寺院的樣貌重生，至今已成爲京都最有名的賞楓勝地之一。

　　從市區要前往琉璃光院並不方便，需要由市區的町柳站搭上叡山電鐵叡山本線慢慢往山麓移動，下車後還需穿越一條長長的木

入口處的「山門」，購票處就在裡面。

木橋下的溪谷也非常美麗。

抄經處也聚集了許多人，其中也有很多觀光客。

除了如鏡的桌面以外，外頭的一片翠綠也是難得的美景。

橋，才會抵達琉璃光院。在山門購票後，沿著被楓樹包圍的參道
入內，走上書院二樓就能欣賞到庭園的全景。我們訪問琉璃光院
時是秋天，楓葉尚未轉紅，但青綠的楓葉依舊翠綠得十分吸引人，
觀賞的客人也沒有楓紅時期那麼多，大家都靜靜地欣賞拍攝著窗
外及桌前的美景，個人覺得或許是比人擠人的楓紅時期更美好的
體驗。

寺院／琉璃光院

地址　京都府京都市左京区上高野東山 55
電話　075-781-4001
時間　僅於春季與秋季特定時間內開放
　　　請參考官方網站開館行事曆
網址　http://rurikoin.komyoji.com
票價　¥2,000

Area 2

東山區 Higashiyama ku

留住以往的日本風情

位於鴨川以東，有著清水寺、祇園等世界知名
景點的東山區是觀光客絕對不會錯過的區域，
但同時也是京都市人口最少的行政區。爲了保
留傳統景色，東山區有著極爲嚴格的景觀限
制，不讓現代化的色彩吞噬了原本的美景。

超過六十年歷史的當代藝廊
Galerie 16

　有許多美術館坐落在岡崎區域，也因此有許多藝廊也在附近聚集，一路延伸至東山區，位於東山站附近巷弄中雜居大樓內的 Galerie 16 就是一例。從陳舊的大樓外觀很難想像三樓藏身了如此現代而俐落的藝廊，成立於 1962 年，Galerie16 自開設以來就致力於推行當代藝術，2012 年時也將五十年的歷史集合成冊發行。造訪時展覽的是藝術家佐々木昌夫的展覽〈不明へ To Unknown〉，他以金屬板區隔打造出虛空間，讓人在凝視與窺探的同時重新探索思考「邊界」的意義。

　同棟大樓內的二樓還有另一間擺設了大量人台模特兒的個性派藝廊商店「カオスの間」（混屯空間），我自己一個人在門口張望了一陣但沒有勇氣推開大門，就留給喜歡怪誕風格的大家去探險了！

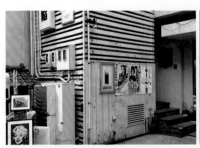 

有著年代感的大樓外牆上張貼著　　　使用金屬版打造出的作品空間。
許多展覽海報。

展覽現場：〈不明へ To Unknown〉，2023 年。

展覽空間／Galerie 16

地址 京都府京都市東山区三条通白川橋上ル石泉院町
　　 394 戸川ビル 3F
電話 075-751-9238
時間 依展覽而定
網址 http://art16.net/exhibitions

京都咖啡的代名詞

%Arabica 京都東山

　　說到京都的咖啡廳，%Arabica 絕對是大家都不陌生的名字之一。創辦人東海林克範除了經營咖啡店外，也在夏威夷擁有咖啡農園，同時進行生豆、烘豆機、咖啡機等咖啡相關產品的國際貿易。或許就因爲他國際化的商業背景，%Arabica 這幾年在越來越多國家插旗，如今在台灣也能喝到了。但若來到京都，位於東山的創始店依舊不能錯過。%Arabica 京都東山就位在前往法觀寺八坂之塔的路上，同時也鄰近清水寺，對前往京都觀光的旅人來說是必定會行經的區塊。

　　清水寺一帶包含東山、二年坂、三年坂區塊路面皆以石板鋪設，加上大部分保留著傳統樣貌的建築，充滿了歷史風情。京都目前的三家分店皆由來自東京的設計事務所 Puddle 一手打造，身爲一號店的京都東山由五十年的兩層樓老屋翻修，弧形玻璃帷幕帶來的現代感總能讓經過的遊客不由自主多看幾眼。

　　如果旅程會去到嵐山，也很推薦前往大量開窗以帶入嵐山優美景色的嵐山店。若是有大量河原町逛街行程的話，在藤井大丸店喝杯咖啡歇歇也是不錯的選擇！

弧形玻璃帷幕導出了入口空間。　　　　光線由透明的門面灑進，整家店十分明亮。

map

店內使用 Slayer 的義式咖啡機，咖啡濃醇順口。

咖啡座／%Arabica 京都東山

地址 京都府京都市東山区星野町 87-5
電話 075-746-3669
時間 8:00 ～ 18:00，不定休
網址 https://arabica.coffee/en/

佇立於祇園的現代藝術空間

何必館・京都現代美術館

　　熱鬧的祇園商店街上，何必館跟周遭商店明顯氣氛不同。1981年開館的何必館是館長梶川芳友一手創立的美術館，他在邂逅了日本知名畫家村上華岳的作品後決定以藝術爲職志，花了七年打造出心中理想的美術館。在精緻的展覽空間中，包含畫作、工藝品到攝影，法國的多位當代攝影大師都曾在此展出。

　　美術館內常設有日本畫家村上華岳、油畫家山口薰、多棲藝術家北大路魯山人等知名藝術家的作品室。作品多方涉略篆刻、書道、陶藝、漆藝等領域的魯山人十分在乎作品的「用之美」，所以在北大路魯山人作品室裡可以發現何必館特別在瓶上飾花，盆內盛水，以此呈現作品最美的姿態。

　　另外逛完展覽後千萬別急著離開，五樓的「光之庭」是許多京都通口耳相傳的靜謐空間。像這樣位於建築內的小小庭園被稱爲「坪庭」，因面積不超過一坪而得名。何必館的「光之庭」向外打開了橢圓形的天窗，灑進的陽光會落在綠色楓葉和地面的苔癬上，隨著時間推移產生不同表情，會讓人頓時忘記自己是身處在京都鬧區大樓內呢。

在天際線看到的美術館建築。

隱身在祇園商店街的入口。

map

訪問時觀賞的法國攝影師 Marc Riboud 展覽。

美術館／何必館・京都現代美術館

地址　京都府京都市東山区祇園町北側 271
電話　075-525-1311
時間　10:00 ～ 18:00
網址　http://www.kahitsukan.or.jp
票價　¥1,000

令人為之震懾的國寶級佛堂
三十三間堂

　　在平清盛時期建造的三十三間堂的正式名稱爲「蓮華王院本堂」，是以祭祀千手觀音爲主的佛堂。「三十三」這個數字包含了拯救蒼生的觀世音菩薩擁有三十三種不同姿態的佛教意涵。三十三間的「間」則爲傳統日本建築的用語，指的是柱和柱形塑出的空間即爲一個「柱間」，本堂有著三十三個柱間，因而得名。總長度有 120 公尺長，實際繞本堂徒步一周，就會發現這麼深長的木造建築的確非常少見。

● 文化財制度的頂端：國寶

　　由《文化財保護法》保護的日本「重要文化財」包含了具有歷史和藝術價值的建造物、美術工藝品、考古資料、歷史資料等有形無形的文化資產。其中「從世界文化的視角來看具有極高價值，無可替代的國民之寶物」指定爲「國寶」，是非常珍貴而稀少的。目前日本全國的國寶含有建造物 230 件，美術工藝品 906 件，其中京都府共保有 52 件建造物，也包含了本文提到的三十三間堂（2023 年 8 月資訊）。另外本堂內的千手觀音立像、風神雷神像、二十八部衆立像也都在國寶級美術品之列。

顏色素雅的日式木造建築外觀。

可以一邊散步一邊算算看，是不是真的有三十三個柱間。

建築物就木造建築的比例上來說眞的非常深長。

　　脫下鞋子進入幽暗的本堂內，整齊地並列了一千尊千手觀音立像，之中包含一座約七公尺高的千手觀音坐像，觀音像均以檜木及金箔製作，據說每一尊都有著不同的表情。但和本堂一樣，這些觀音像曾在火災中被燒毀了大部分，到了鎌倉時代才重新開始一一再製，時至今日已成爲了日本國寶及重要文化財，空間和氛圍都令人爲之震懾。

佛堂／三十三間堂

地址　京都府京都市東山区三十三間堂廻町 657
電話　075-561-0467
時間　8:30 ～ 17:00（最終入場時間 16:30）
　　　冬季（11/16 ～ 3 月底）9:00 ～ 16:00
網址　http://www.sanjusangendo.jp
票價　¥600

| 博物館 |

交織的明治與平成
京都国立博物館 平成知新館

　　明治年間開館的京都国立博物館創立於 1897 年，當時的建築物目前也作爲明治古都館保留了下來，西洋式的建築在成立之初曾有不少反對聲浪，但如今已被列爲重要文化財。

　　由新設的南門進入基地，可以看到一條長長的鋪面道路延伸導引至平成知新館的入口，但其實這條路是由三十三間堂前的道路一路延伸而來，由此可以見得建築師谷口吉生喜歡將都市紋理導

● 建築世家父子檔：谷口吉郎與谷口吉生

　　谷口吉郎與谷口吉生是日本著名的親子建築世家，兩人雖然活躍於不同世代，但仍常在建築事業上有所交集。例如東京大倉酒店舊館中，最常被拍攝的大廳是出自谷口吉郎的設計，後續新館再建造時，除了引用部分元素之外，也請來兒子谷口吉生團隊負責重建。兩人唯一共同完成的作品是1978 年竣工的金沢市立玉川図書館，隔年谷口吉郎即因病逝世。2019 年，由谷口吉生設計，建造於谷口吉郎故居所在地的建築美術館「谷口吉郎・吉生記念金沢建築館」落成於金澤，由方塊量體與細長格柵構成的建築體充分體現了兩人俐落而內斂的風格。

立面上的水景、長型格柵與垂直細柱。　　新館與舊館的遙遙相望。

1. 從大廳仰望空中廊道與屋頂開窗。
2. 創立當時的建築物，目前改名明治古都館。
3. 挑高的入口大廳。
4. 室內也能看到充滿秩序的垂直水平切線。
5. 一樓的美術館商店可以購入許多畫作明信片。

map

入作品的一面。道路另一端映入眼簾的建築物有著谷口吉生慣用的水景、長型格柵與垂直細柱，一樣出自他手筆的東京法隆寺寶物館也有著類似的建築語彙，在垂直水平的直線構成之中仍不失日本纖細風情。挑高的大廳則由細部開窗導入柔和光線，不同樓層貫穿挑空的走道讓空間更顯趣味性。

　　京都国立博物館的館藏以國寶和重要文化財為主，同時也有許多來自神社及寺院的寄託品，館藏和寄託品加總起來竟然有多達335件國寶，其中也包含了由京都建仁寺寄託，琳派代表作俵屋宗達的〈風神雷神図〉，以及繪畫同樣來自俵屋宗達手筆，再搭配本阿弥光悦書法的〈鶴下絵三十六歌仙和歌巻〉。除了年約兩次舉辦特別企畫展的時候之外，這些館藏會以「名品精選展」的形式，區分為陶瓷、繪畫、書法等類型，分門別類於展示廳展覽，是想要一次鑑賞最多日本國寶真跡的絕佳機會。

博物館／京都国立博物館 平成知新館
地址 京都府京都市東山区茶屋町 527
電話 075-525-2473
時間 9:30 ～ 17:00，週五、六 9:30 ～ 20:00，週一休
網址 https://www.kyohaku.go.jp/zh-t/
票價 ¥700

把吃喝玩樂都收進大樓裡

Y gion

祇園的鬧區上，和周邊略有歷史感的店家相比，Y gion 大樓彷彿方正的水泥盒子，挑高了兩層樓又掛上超長暖簾的大門也特別引人注目。

Y gion 原本是一棟擠滿了小酒館和酒吧的大樓，但在創意總監井上拓馬的改造之下得到了新生。井上拓馬原本就主理室內設計公司「everedge」，除了整棟大樓的翻修之外，他也參與了多間進駐店家的商業空間設計。他希望將整棟大樓打造成融合多元文化、充滿創意的平台，目前大樓裡進駐有燒肉店、酒吧、藝廊、美容院、唱片服飾店，以及備有廚房及音響的多功能空間提供租賃，讓不同專長的創作者可以在此碰撞出更多不同的想法，一起讓空間變得更有趣。

訪問當時遇見媒體藝術家八木良太和抽象畫家田中秀和在四樓多功能空間展出雙人展〈眼のうしろ、耳のあいだ。〉（behind the eye, between the ears.），作品包含有聲音，他們期待觀展者能

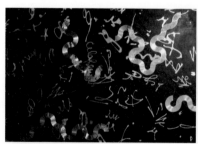

抽象畫家田中秀和的作品，
也是展覽的主視覺。

公共空間在燈光設計之下顯得很有
異空間感。

擠滿顏料的金屬平板反射了周遭的色彩與風景。

展覽現場：〈眼のうしろ、耳のあいだ。〉（behind the eye, between the ears.），2019 年。

透過自己的眼耳去接收作品的意象，在腦中真正完成作品。一般的展覽空間大多以白色為主，這裡卻是以深灰色和大量投射燈構成，是很特別的觀展體驗。四樓不一定會有活動，但二樓的現代藝術藝廊「CANDYBAR Gallery」和五樓販售黑膠、CD、服飾的「Jazzy Sport Kyoto」也都很值得走走逛逛。

展覽空間／Y gion
地址 京都府京都市東山区弁財天町 19
電話 075-533-8555
時間 依展覽而定
網址 https://www.ygion.com
票價 依展覽而定

Area 3

上京區　Kamigyo ku

自古以來的權貴中心

從平安京時期開始，上京區即為貴族、官員等富裕階級居住的區域，除了是京都御所的所在地之外，同時也是京都府廳等政治文化的中心。因此此處有著許多長期與御所有往來的老鋪，也保留下許多京都的傳統工藝。

| 和菓子店 |

有著與東京不同表情：

虎屋菓寮 京都一条店

　　とらや（虎屋）在日本室町時代後期即創立於京都，至今已走過五個世紀。以天皇御用的和菓子聞名的虎屋，在明治 2 年日本遷都東京的同時也進軍了東京。目前在全日本總共有 10 家可內用的菓寮・喫茶，京都則有兩家：位於京都御苑旁的京都一条店，以及位於歌舞伎發祥地四條南座的京都四条南座店。

　　和菓子是日本傳統點心的總稱，包含了我們熟悉的羊羹、大福、銅鑼燒等等，至於常在日本漫畫或戲劇中看見，所謂的「生菓子」也是和菓子的一種，與日本茶道的發展共存共生，除了作為主要原材料的豆沙外，還採用山藥、葛根等天然原料製作，宛如藝術品一般的精緻外觀也是其特色之一。其造型靈感多來源於自然、季節以及日本古典文學等的啟發，這些靈感作為名字被賦予每一個菓子，成為「菓銘」。複雜的製作工藝為外觀增添了更多的藝術性，可以說是「五感的藝術」。

我最喜歡的和菓子之一：
あんみつ（餡蜜）。

店內有大量和菓子及日本文化相關書籍可以取閱。

傳統的日式大門口掛著寫有店名的暖簾。

map

　2009 年，京都一条店由操刀多個虎屋空間的建築師內藤廣擔綱設計，和由巨大黑色暖簾和現代主義構成的東京中城店有著截然不同的風格。京都一条店的外觀看似傳統，室內則散發日式摩登風情，天花板的弧形杉木柵搭配以虎屋商標輪廓設計成的吊燈，整體空間更顯得溫暖而有層次。天花板的格柵一路延伸至戶外，庭園旁的屋簷之下有著半戶外的座位，能夠一邊眺望庭園與江戶時代留存下來的倉庫，是好天氣時最搶手的座位。

　到訪時天氣微熱，除了「木練柿」（2019 年 10 月採訪時）之外，還點了我最喜歡的あんみつ（餡蜜），紅豆餡煮得綿密，各種顏色造型的洋菜凍清脆又清爽，加上風味十足的黑蜜，的確爲午後帶來了一絲涼意。另外店內也有關於和菓子和日本文化等主題藏書可以自由閱讀，在京都走累了的下午，很適合在這裡歇歇呢。

和菓子店／虎屋菓寮 京都一条店
地址　京都府京都市上京区一条通烏丸西入広橋殿町 400
電話　075-441-3113
時間　10:00 ～ 18:00（最後點餐時間 17:30）
網址　https://www.toraya-group.co.jp

打造理想的有書生活
誠光社

　　位於京都御苑的另一側，神宮丸太町一帶應該是較少觀光客會走訪的區域，至少在我散步過去的路上只遇見了一些下課後在路上嬉戲的小學生而已。誠光社開幕於 2015 年，店主堀部篤史先生從還是大學生的 1996 年開始，就任職於被英國《衛報》評選為世界最美書店之一的「惠文社」，甚至擔任了十三年的店長。在這長年的書店生活之中，堀部先生也逐漸從中摸索出了自己理想的書店樣貌。

　　誠光社以未塗裝的木板建構，不造作的氛圍十分符合店裡的氣氛。架上的書以文學、藝術、哲學、生活等人文書籍為主，並未區隔出特定的分類，但仔細端詳卻能發現一些邏輯性。在日本要經營販售新書的書店，通常會透過「取次店」，也就是大盤供應商的仲介，而獨立的小書店不管是在與供應商的合約上，或是販售量的流通度上都十分困難，更不用說從中獲利。於是堀部先生開始嘗試新的挑戰，那就是直接與出版社採購，身在第一線的他更清楚什麼是客人需要的，也更能由選書來表達自身的理念。另

走出店外看到的是安靜的住宅區。

訪問當時展出了攝影師 KOOMI KIM 的攝影作品。

書店深處可以看到正在忙碌的堀部先生身影。

map

外他也致力於提供爲餐廳、旅館等空間選書的服務，他認爲雖然實體書店在減少，但如果能改變型態，與書的邂逅就能更貼近生活，並不一定侷限在圖書館或書店。

　在誠光社的官網上可以看到除了自身書店的介紹之外，很驚喜地發現還有不少鄰近友好店家推薦。像是店內也同時有販售咖啡豆的 Kamogawa Cafe，隔壁的義大利麵餐廳 ItalGabon，都是可以一併前往的好店。另外說到鴨川很多人會想到飛び石（踏腳石），在鴨川沿岸總共有六處，其中最具代表性的烏龜形狀則有三處，其中一處就在誠光社附近的荒神橋旁。比起雜誌經常取景的出町飛び石，荒神這裡的人潮較少，逛完誠光社之後，別忘了順路沿著鴨川遊步道去體驗一下京都人跳烏龜的日常。

書店／誠光社
地址 京都府京都市上京区中町通丸太町上ル俵屋町 437
電話 075-708-8340
時間 10:00 ～ 20:00
網址 https://www.seikosha-books.com

Area 4

中京區　Nakagyo ku

新世代的商業最前線

中京區是京都首屈一指的商業區域，其中包含了熱鬧的河原町、錦市場，還有地下鐵烏丸線和東西線交會的烏丸御池一帶。附近百貨與大樓林立，在京都市區內算是較爲現代化的集中開發區域，也是旅遊時住宿的熱門選擇。

| 複合式商店 |

日本設計師們的齊聲推薦
Kyoto yamahon

　　準備這本書的過程中，當然少不了詢問日本設計師友人們的意見，工作範圍遍及全日本的他們手頭上自然也少不了各地的好店清單，而 Kyoto yamahon 就是幾乎每個人開口就會馬上提到的京都藝廊。主理人山本忠臣除了身爲藝廊主人之外，本身也是建築師，出生於三重縣伊賀市的陶藝世家，年輕時也曾在大阪的建築師事務所工作，其後回到出生的故鄉開設了以展示現代工藝品爲中心的藝廊「gallery yamahon」，期許能連結人與物，將工藝與藝術融入日常生活。

　　2005 年，他爲了更推廣現代日本工藝，於是選在有著大量外國觀光客的京都展店，2017 年遷移至目前的位址，並改名 Kyoto yamahon，以他精準的眼光選物、策展，也讓 yamahon 成爲現代日本工藝的代表性據點。店內以白色爲基調，寬敞的空間內有著整面的層架，展示了包含陶瓷、漆器、木工、茶道具等器皿，其中也包含了 yamahon 推出的自有品牌，比起作家器來說價位親民許多，我也對馬克杯感到很心動。

位於大樓內部的 Kyoto yamahon。　　入口處有著小小的白色立牌。

一樓入口旁有個玻璃櫥窗，裡面的展示品會經常更換。

　　Kyoto yamahon 雖然室內不允許拍照，但大部分的展覽都會在 online store 上線線上展出，關於作家和作品特色也都有著詳細的介紹，喜歡工藝品的人光是在官網就會逛到欲罷不能，千萬不要錯過。

複合式商店／ Kyoto yamahon
地址　京都府京都市中京区榎木町 95-3 延寿堂南館 2F
電話　075-741-8114
時間　11:00 ～ 18:30
　　　如遇展覽或換展期間會有所變動
　　　請參考官方網站開館行事曆
網址　http://gallery-yamahon.com

｜咖啡廳｜

跨足咖啡的關西設計公司
SCHOOL BUS KYOTO

　　學生時期和朋友聊起未來想做的事，絕對會有人說「好想邊開設計公司邊開咖啡廳喔」，而 SCHOOL BUS KYOTO 就完全地體現了這件事。公司本體是專營空間翻修的設計公司，擅長美式風格，從資金計畫、設計、施工到家具部分都能一手包辦，在關西區域的大阪、神戶和京都都設有據點，這些據點除了辦公室之外，一樓也都對外開放作為咖啡廳營業。

　　雖然聽起來很像兼營的副業，但 SCHOOL BUS 從烘焙咖啡豆開始親力親為，在關西當地也打出了不錯的評價與知名度，當時住宿在附近的 RAKURO 京都，向櫃檯詢問推薦的咖啡時，櫃台也向我推薦了 SCHOOL BUS KYOTO。挑高的店內空間是由腳踏車修理工場翻修而成，雖然走的是美式復古風，但灰色的牆面和灰綠色的木頭窗框顯得沉靜，在京都的街道上也不顯突兀。訪問時接近中午，於是選擇了冰美式咖啡和鹹的法式吐司，咖啡風味均衡，法式吐司也柔軟美味，高於期待的整體表現讓人驚豔。店內的麵包來自附近主打麵包的分店 SCHOOL BUS COFFEE BAKERS，或許帶些回飯店當早餐或點心也不錯！

灰紅配色的外觀讓街景看起來
很像在歐美！

點餐時櫃檯很親切地向我介紹了
餐點和咖啡。

1. 戶外擺著的腳踏車和椅子似乎也是外觀造景的一部分。
2. 店內有許多周邊商品，另外灰牆後就是設計工作室。
3. 餐點製作中！
4. 門口的金屬立牌和木門細節都很精緻可愛。

室內使用了大量的原木色，讓灰色調的空間也顯得溫暖。

咖啡廳／SCHOOL BUS KYOTO

地址 京都府京都市中京区河原町通竹屋町
　　 上ル大文字町 244
電話 075-406-5002
時間 9:00 ～ 18:00，假日 8:00 ～ 18:00
網址 https://www.schoolbus.coffee

藏在人臉裡的世界級可愛
creative studio & shop ooo

　　「我們小時候都叫這裡『有臉的家』。」主理人小川智代小姐笑著跟我說。立面上有著五官的膚色建築的確讓人一見難忘，但卻非常符合店內商品的調性，有點可愛又有點古怪。小川小姐表示她選物的標準就是自己喜歡，並且知名度中等的藝術家或品牌，「因為太有名就不好玩了啊！」她說。從小就在附近長大的小川小姐在畢業後曾經到東京工作一段時間，後來選擇回到家鄉開店，在準備開店的同時剛好看到「有臉的房子」正在招租，她二話不說就租了下來，開始了設計選物店 creative studio & shop ooo 的營運。

　　至於這棟大樓為什麼會有臉，據說是因為房子原本的主人是一位平面設計師，當時決定建造一棟可以代表自己作品的房子作為工作室兼自宅使用，主人委託了建築師友人山下和正設計，因為他的作品以人像為主，建築師就半開玩笑地設計了人臉在建築物上，甚至連機能都有所對照，例如陽台是耳朵，窗戶是眼睛，

Subikiawa 食器店的紙製品據說
也是店內的熱賣商品！

商品種類超級豐富的店內風景。

1. 來自法國的飾品品牌 Coucou Suzette。
2. 以手的形狀為主題，OOO 自有品牌「OPO」的自有品牌商品。
3. 嘴巴就是整家店的入口。
4. 也曾在台灣多次展出的藝術家渡邊知樹，店家推薦了他的翻頁日曆給我。
5. 台灣陶藝家「YEEEN STUDIO」的作品！

鼻子是通風口，嘴巴是出入口，沒想到主人很喜歡，於是房子就這樣蓋出來了。大家可能都知道古都京都有著最嚴格的建築物規範，像是招牌跟建築使用的顏色和外觀都有限制，但由於這棟房子建造時規範尚未那麼嚴格，「如果是現在的話就沒辦法這樣蓋啦。」小川小姐說。

　　店內會不定期舉辦手作的 workshop 及藝術家的展覽，另外由世界各地挑選的商品也是世界級的可愛。包含以前在東京看過就很喜歡的「Subikiawa 食器店」、色彩豐富的墨西哥飾品品牌「Polo&Storch」，甚至也有台灣陶藝家「YEEEN STUDIO」的作品！滿滿的商品讓空間內的探尋彷彿一場尋寶，是可以探索更多喜歡或刺激更多靈感的地方。

設計商店／ creative studio & shop ooo
地址　京都府京都市中京区衣棚通二条上る堅大恩寺町
　　　740-1
電話　075-203-9259
時間　11:00 〜 18:00
　　　詳細營業日程請於官方 instagram 確認
網址　http://creativeooo.com

新舊與和洋的交融
新風館

　　新風館自 1926 年即坐落於京都市區的精華地段烏丸御池，當時作爲京都中央電話局使用，由隸屬日本政府遞信省的建築師吉田鉄郎設計。他經手了大部分的遞信省建築，被稱爲日本現代建築的先驅者，對日本的近代建築帶來極大影響力，東京丸之內的商場 KITTE 前身爲中央郵便局，一樣也出自他的手筆。

　　而新風館也和 KITTE 同樣找來建築師隈研吾來爲舊建築注入新靈魂，活用原本就與臨路的 L 型舊建物製造出中庭空間與多個出入口，導入人潮的同時也讓厚重的量體更通透。基地的另一側則興建了新的飯店大樓，由美國西雅圖發跡的時髦旅店「Ace Hotel」進駐。新大樓的低樓層使用了他招牌的木構架，加上高樓層不同角度的銅色格柵層次排列，呈現出具有流動感的立面，搭配舊建築的棕色磚牆也不顯突兀。

整修後由平面設計師木住野彰悟重新設計的標準字帶有輕盈感。

用金屬網製作的樓層及商店示意。

新風館

1. Ace Hotel 的大廳內也導入了限研吾的木構造元素。
2. 庭院中的雕塑出自藝術家名和晃平。
3. 同時販售飲品和特殊植物的商店「 (THISIS)SHIZEN 」
4. Ace Hotel 一樓大廳旁也有展覽空間，訪問時正在展出藝術家山瀨まゆみ的作品。

走進商店區塊就能遠遠聞到「LE LABO」的香味！

　　館內進駐的品牌也都是一時之選，包含我在東京也非常喜歡的文具用品「TRAVELER'S FACTORY」、服飾及生活用品「1LDK」，還有和旅店一樣來自美國的香氛品牌「LE LABO」、首次海外展店的「Stumptown Coffee Roasters」等等，就連選店也一樣融合了和洋新舊，更彰顯新風館的獨到之處。

商業設施／新風館
地址　京都府京都市中京区烏丸通姉小路下ル場之町 586-2
電話　075-585-6611
時間　商店 11:00 ～ 20:00
　　　餐廳 8:00 ～ 24:00（依各店家可能略有不同）
網址　https://shinpuhkan.jp

| 咖啡廳 |

搶先接觸新生代藝術家的好機會
STARBUCKS COFFEE　京都 BAL 店

　　京都 BAL 在京都算是年輕的百貨公司，開幕於 2015 年，除了進駐有住在東京時到自由之丘必逛的生活雜貨品牌「TODAY'S SPECIAL」之外，來自法國的香氛品牌「Officine Universelle Buly」在此也有特別日式的門面，商場空間寬闊而精緻，是我在京都最喜歡的百貨。

　　雖然 STARBUCKS 咖啡到處都有，但 BAL 三樓的這家分店卻特別不同。由藝術家名和晃平率領的「Sandwich」擔任藝術指導，以「藝術家們的共同工作室」爲概念，店內展示了約 80 件藝術作品，而作品皆來自京都的學生及在地年輕藝術家，如果喜歡也能透過「Sandwich」購買。

BAL 的入口大門招牌。

最主要的展示空間是店門口附近的
灰色平台。

1. 灰色平台上的球形作品們。
2. 以兩面橘色道路反光鏡構成的多重反射。
3. 大張的桌面中間也有擺設作品！
4. 店內一側也擺放了雜誌的報導和作品清冊。
5. 以網路為主題製作的藝術作品。

map

● 雕刻的新型態詮釋：名和晃平

名和晃平出身於京都，目前亦任職於京都芸術大学擔任研究所教授，他以 2002 年發表並持續創作發展至今的雕塑系列〈PixCell〉聞名，「PixCell」一詞來自「pixel」（像素）與「cell」（細胞），他使用大小透明圓球組成雕塑物的表皮，彷彿將像素或細胞具體化呈現。2013 年發表的〈Foam〉系列則用大量泡沫堆疊出巨大的量體，流動性且易於消逝，以此重新詮釋雕塑的定義，以看似無機的手法做出有機的表現。他於 2009 年成立的「Sandwich」取名自原爲三明治工廠的工作室，除了名和晃平本人之外，也集合不同領域的藝術家、設計師等創作者，及海內外的美大生或年輕藝術家，持續碰撞出更多有趣的作品。

　　以灰色爲基調的店內搭配刻意扭曲而外露的銀色管線，讓店內空間顯得近未來而非日常。擺設的作品題材多元，其中也有些以 STARBUCKS 經典的海妖圖案爲延伸創作的雕塑。據說作品都會不定期更換，別放過這個在逛街的同時搶先接觸新生代藝術家的好機會呀。

咖啡廳／STARBUCKS COFFEE 京都 BAL 店
地址 京都府京都市中京區河原町通三條下山崎町 251 3F
時間 11:00 ～ 20:00

｜甜甜圈店｜

服飾集團做出的時髦甜甜圈

koe donuts kyoto

　　擁有 earth music & ecology 等知名服飾品牌的 STRIPE 集團在 2014 年成立了 koe 這個支線，2018 年也曾在東京澀谷開設過名為 hotel koe tokyo 的旗艦店兼旅館（目前已歇業）。而京都這間專門販售甜甜圈的 koe donuts kyoto 則在 2019 年開幕於寺町京極商店街，以「有機」「天然食材」「地產地銷」為訴求，提供以單純手法烹調，店內現做的新鮮甜甜圈給消費者。

　　店內的設計請來了擅用有機素材的建築師隈研吾，使用京都嵐山產的竹子，以傳統的「六ツ目編み」（六角編）技法製成 572 個籃子，裝置於天花板上的弧形桁架，凸顯空間深度。品牌主視覺「甜甜圈博士」則找來人氣插畫家長場雄繪製，STRIPE 集團也發揮了身為服飾品牌集團的專長，推出了許多甜甜圈博士的 T 恤、帽子等周邊商品，是除了甜甜圈之外的搶手商品。

　　甜甜圈本身的滋味當然也不用多說，講究地使用每天現磨的自家製有機小麥全粒粉、國產米油、京都美山產的牛奶與雞蛋等食材，除了一般常見的巧克力、草莓之外，也推出了許多使用芝麻、

位於東急 STAY 一樓的 koe donuts kyoto。　由長場雄繪製的甜甜圈博士 logo！

天花板上吊掛滿了六角編的竹籃。

不愧是服飾集團旗下的品牌，員工的制服也很可愛！

黃豆粉、煎茶等和風素材的口味。當時外帶的有機肉桂糖口味帶有嚼勁且不過甜，檸檬蛋白霜口味則濕潤又飽含檸檬的香氣。下次訪問時也想在店裡一邊看著甜甜圈製作，一邊享受內用限定的盤裝甜甜圈試試！

甜甜圈店／koe donuts kyoto
地址 京都府京都市中京区新京極通四条上ル中之町 557
電話 075-585-5959
時間 8:00 ～ 20:00
網址 https://www.koe.com/koedonuts

舊建築內催生出的新藝術空間

同時代ギャラリー（DOHJIDAI GALLERY OF ART）

　　在熱鬧的河原町三条區塊來去之際，有一棟裝飾主義風格的橘色建築特別吸睛，之後循著地址來到才發現原來同時代ギャラリー就在這棟 1928 ビル（1928 大樓）之中。1928 ビル顧名思義建造於 1928 年，當時爲大阪《每日新聞》京都支局大樓。之後由於《每日新聞》即將搬遷，當時已經進駐在大樓空間內的同時代ギャラリー一度需被迫遷出，建築師若林広幸聽聞後在 1999 年將大樓買下，才讓這棟建築物繼續以充滿文化的姿態保存了下來。

　　與工業化的現代建築不同，當時包含從窗框到樓梯的所有細部都需要職人手作完成，也因此讓空間更增添了許多不完美的溫潤。這恰好又和同時代ギャラリー的經營理念非常吻合，比起高端的作品，更希望能帶來的是讓一般社會大眾也能享受其中的現代藝術，也因此同時代ギャラリー的展覽內容非常多元化而活潑，從繪畫、攝影到繪本、動漫畫等題材都能在具有歷史感的空間當中，找到適合表現自己的位置。

窗框和牆壁等細節都能看出手工的痕跡。

藝廊門口的架上擺滿了京都的展覽資訊。

展覽現場：〈Character de Fantasia! 2019〉，2019 年。

入口牆面處也貼著大量京都藝術展覽海報。

　　除了位於二樓的同時代ギャラリー之外，三樓是劇場空間，地下一樓是保留了早期廢墟風格的咖啡廳 INDÉPENDANTS，一樓則進駐了潮流品牌 HUMAN MADE®，店內還設有與 Blue Bottle Coffee 合作的咖啡座 HUMAN MADE 1928 Cafe by Blue Bottle Coffee，喜歡的話別忘了順便帶點限定的藍色愛心周邊商品回家！

展覽空間／同時代ギャラリー

地址 京都府京都市中京区三条通御幸町東入弁慶石町
　　　56 1928 ビル 2F
電話 075-256-6155
時間 12:00 ～ 19:00
　　　展覽最終日可能時間會有變動
網址 http://iyemonsalon.jp

藏身停車場的美味咖啡
WEEKENDERS COFFEE 富小路

　　數年前在京都旅遊時曾經住過富小路通上的青年旅館，當時每天都把行程排得極滿，就算每次回旅館的路上都對藏在停車場另一端的那棟摩登日式建築感到很好奇，但始終沒有停下腳步去一探究竟。回到台灣後恰好看到報導，這才發現那棟建築物其實就是列在清單裡許久的咖啡品牌 WEEKENDERS COFFEE 的新店，但懊悔已經來不及了，只好留到下一次訪問京都，又和朋友住了同一家青年旅館，這才在開始一整天的觀光行程前先前往補充咖啡因。

　　會認識來自京都的 WEEKENDERS COFFEE 其實是在東京，研究所時期時常造訪的神樂坂書店「かもめブックス」（海鷗書店）裡，進駐的咖啡座 WEEKENDERS COFFEE All Right 即是兩家店的共同企畫。除了位於下京區，僅在週末開放的焙煎所之外，WEEKENDERS COFFEE 富小路在 2016 年開幕。店面空間不大，但具備著完整的空間機能，雖然沒有內用區，但戶外的長椅和矮

不仔細看就會錯過的入口。

吧台上的陳列和素材都充滿日式元素。

咖啡師正在替我們手沖咖啡！

牆都能暫坐享用咖啡，周遭的景色也彷彿迷你日式庭園，充滿風情。朋友點的熱拿鐵奶泡飽滿咖啡香醇，我的哥倫比亞單品手沖也有著明亮的酸味和甘甜的尾韻，是我覺得在京都最具記憶點的好咖啡之一。

咖啡座／WEEKENDERS COFFEE 富小路

地址 京都府京都市中京区富小路通六角下ル西側
　　　骨屋之町 560
電話 075-746-2206
時間 7:30 ～ 18:00，週三休（遇假日照常營業）
網址 https://www.weekenderscoffee.com

| 旅館 |

文化財的空間再造
TSUGU 京都三条

　　THE SHARE HOTELS 集團總擅長將舊建築改建成時髦而新潮的旅館，TSUGU 京都三条也不例外。旅館開幕於 2019 年，建築物「旧日本生命京都三条ビル」曾是日本生命保險的大樓，竣工於 1914 年，由活躍於明治時期的建築師辰野金吾及片岡安擔綱設計。但在 1983 年，僅保留下東側的建築體，剩下的區塊在拆除後進行了增建，也就是後來 TSUGU 京都三条主要使用的空間。

● 影響力遍及台灣的日本近代建築之父

辰野金吾被稱爲日本近代建築之父，大家熟悉的東京車站，以及位於中之島的大阪市中央公会堂都出自他的手筆。他擅長使用紅磚與白色石材飾帶，以及承襲自維多利亞建築風格的造型尖塔等樣式，許多日本建築師皆受他影響極深，後世也將其風格稱爲「辰野式建築」，台灣的總統府和台中車站也都是辰野式建築的案例。

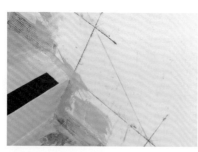
特地保留下的施工痕跡。

「辰野式建築」的尖塔。

1. 一樓大廳旁的選物空間。
2. 房內空間不侷促，很喜歡一旁的和室空間。
3. 也有公共的廚房空間可以使用。
4. 附設咖啡廳的早餐也很精緻美味！

map

　擔綱飯店空間翻新設計的設計師関祐介擅長使用減法來表現空間的樣貌，或許也因爲這樣，相較於其他幾間 THE SHARE HOTELS 集團旗下飯店，TSUGU 京都三条顯得更爲簡約而沉穩。在多種房型中，自己私心最喜歡有架高木板，而床墊直接放置在木板上的「Japanese-style」系列房型，有了高低差之後，空間也能更靈活地運用。如果眞的想體驗住宿於登錄有形文化財的百年建築內，記得選擇只有一室的「Junior Suite in the Historic Bldg.」房型，房內有著挑高的空間和巨大的拱形窗戶，讓人更感覺到建築物的歷史風情。

旅館／ TSUGU 京都三条
地址　京都府京都市中京区三条通柳馬場西入桝屋町 75
電話　075-213-2900
網址　https://www.thesharehotels.com/tsugu

視覺和味覺的雙重饗宴
AWOMB 烏丸本店

　　AWOMB 是 2014 年開幕以來一直很有人氣的京都餐廳，主要販售「手織り寿し」（手織壽司），意即需要自己動手「編織」的壽司。出生在壽司名店的店主宇治田博先生曾在京都的多間日本料理餐廳修習，獨立後先是開設了能夠輕鬆享用壽司的壽司咖啡廳，之後在突發奇想下才決定要開間以販售手捲壽司為主的店。手捲壽司在日本其實算是家庭料理，會準備醋飯、海苔和多種食材讓大家自己搭配喜歡的食材，以前前往日本表姨家叨擾的時候就常常吃。宇治田先生為了讓手捲壽司有個更特別的名字，就融合了室町區域一帶和服店林立的意象，使用了「織り」這個字，「手織り寿し」（手織壽司）才就此誕生。

　　盛在石板端上桌，色彩繽紛的配料包含生魚片、蔬菜等等總共有大約四五十種，搭配的調味料也有十幾種之多！除了包進飯和海苔之外，當然也能直接享用，也不一定要按照原本的搭配，可以自由自在地按照自己的喜好與心情搭配，不只視覺上漂亮，口味美味，還極具娛樂性。早期 AWOMB 是需要一早前往去領取

開設在町屋內的 AWOMB，很有
京都風情。

配料有超級多選擇，選擇障礙的人
可能會難以下手。

色彩繽紛的手織壽司絕對很上相！

號碼牌的，但目前已經開放線上訂位，強烈建議先上網訂位再前往！另外根據曾在店裡打工的學妹透露，店裡的白味噌牛奶布丁也非常美味，但小鳥胃的我吃完壽司就吃不下了，留給有興趣的大家試試！

餐廳／AWOMB 烏丸本店

地址 京都府京都市中京区姥柳町 189
電話 050-3134-3003
時間 12:00 ～ 15:00、17:00 ～ 20:00
網址 http://www.awomb.com

｜展覽空間｜

由小學校舍變身的藝術中心

京都芸術センター（京都藝術中心）

　　日本推行舊校舍再利用多年，東京曾經有目前已停業的「東京3331 Arts Chiyoda」，也在研究所期間在使用高中舊校舍的「水天宮 PIT」看過知名舞台劇導演野田秀樹的舞台劇，但像京都芸術センター的建築物舊京都市明倫小學校一樣如此有歷史的案例並不多見。明治年間創校，爾後在 1931 年昭和時期改建爲現在的校舍，1993 年閉校，七年後的 2000 年京都芸術センター在此創立。在仍以木造建築爲主的那個年代，鋼筋混凝土的結構算是走在時代的尖端，也採用了當時流行的裝飾藝術風格。也因此京都芸術センター幾乎沒有對建築體本身做太大的更動，並且建築物也在 2008 年登錄成爲了有形文化財。

　　京都芸術センター全方位支持著不同類型的藝術家活動，像是進行舞台劇、舞蹈和音樂等藝文活動演出，或是靜態藝術展覽，甚至也提供空間讓藝術家們作爲製作空間，若是通過審查還可以無償使用，集合了創作、表演與交流機能於一身。此外京都芸術センター內也進駐了京都在地的老牌喫茶店前田珈琲，除了聽說加

芥末黃色的鋼筋混凝土校舍建築全貌。

以前的鞋櫃現在被拿來放置傳單。

map

走廊保留下了校舍當時的樣子。

了味噌的蛋包牛肉燴飯很美味之外，2021 年前田咖啡還找來藝術家金氏徹平及建築家家成俊勝一起在店裡設置了大型作品〈tower（KITCHEN）〉，為原本昭和風情的空間帶入了新的氛圍，讓想前往的理由又多了一項！

展覽空間／京都芸術センター
地址　京都府京都市中京区室町通蛸薬師下る山
　　　伏山町 546-2
電話　075-213-1000
時間　10:00 ～ 22:00
網址　https://www.kac.or.jp

Area 5

下京區 Shimogyo ku
___

始終熱鬧的交通樞紐

早期京都市區僅由二条爲界線劃分爲上下京，和權貴階級的上京相較之下，下京則聚集了百姓與商人，是京都市區較早開始發展的區塊。現在的下京區是京都車站以北，中京區以南的區域，河原町的下半段和車站附近都是非常熱鬧的商業區，也是很重要的交通樞紐。

| 複合式藝術設施 |

在藝術作品裡度過一天
BnA Alter Museum

　　不只是美術館也不只是旅館，BnA Alter Museum 將自己定位為住宿型美術館，不同於一般藝術旅館大部分是在公共空間或房內擺設藝術品的方式，BnA Alter Museum 請來藝術家自由發揮，每個房間都是一個獨立作品，總共有 31 個區劃。另外也在公共空間設有藝廊 SCG（stairscase gallery），將藝廊垂直切割為四個展場，每個展場都有兩層樓高，可以一邊爬樓梯一邊欣賞作品。另外設施內也設有美術館商店及酒吧，讓入住者可以有更多交流，除了希望擴大日本藝術市場之外，也會將住宿的收益分潤給參與的藝術家，構成良性的循環關係。

　　BnA 的專案起源是在 2015 年，以「可以入住的藝術作品」為概念，在 Airbnb 上發布了「BnA gallery Ikebukuro」與「BnA machiya Kyoto」，成功地受到注目後，「BnA HOTEL Koenji」和「BnA STUDIO Akihabara」陸續在 2016 年和 2017 年開幕，2019 年集團將觸角延伸至關西，BnA Alter Museum 在京都開幕，請來

外牆上吊掛的展示燈箱。

建築量體的立面狹窄卻深長。

map

展覽活動〈METAMETA "ALTER" 市場 vol.04〉中，藝術家新平誠洙的作品。

音樂團體 Perfume 御用的新媒體藝術家眞鍋大度、曾來台東參與「東海岸大地藝術節」的裝置藝術家梅田哲也等 16 位藝術家參與創作，大家各自使用拿手的媒材與風格，讓每個房間每個作品都能有不同的空間體驗。

複合式藝術設施／ BnA Alter Museum

地址 京都府京都市下京区天満町 267-1
電話 075-748-1278
時間 11:00 ～ 20:00
網址 https://bnaaltermuseum.com
票價 依展覽而定

立食蕎麥麵也可以時髦又美味

suba

前往京都前詢問了身邊的台日友人有沒有推薦的新店，大家異口同聲地提起了以立食形式販售蕎麥麵的 suba。立食蕎麥麵其實是江戶時代發源於東京的形式，時至今日仍是關東區域占了多數，關西較為少見，然而 suba 卻在 2021 年底開幕後馬上一躍成為京都的人氣店，用餐時間必定大排長龍。仔細觀察排隊人潮雖然以年輕的日本人為主，但在地居民、觀光客也不在少數。曾在京都經營多家餐飲店家的店主鈴木弘二先生十分擅長以有趣的形式帶出店家的魅力，他找來設計師關祐介設計店面，並擺上年輕陶藝家橋本知成製作的氧化鐵偏光吧台，塑造出不做作又新穎的空間氛圍。另外店內使用的碗則來自滋賀的 NOTA_SHOP。

而看似嶄新的菜單其實都是以日本各地的地方料理去重新詮釋或發想，像是招牌的「名物！肉そば温泉玉子」（牛肉蕎麥麵溫泉蛋）發想自大阪的「肉吸い」（牛肉湯），將牛肉切成極薄的薄片製造出入口即化的口感，搭配柔軟的自家製麵吸附上關西風高湯，絕對是超越一般立食蕎麥麵店品質的美味。

陶藝家橋本知成製作的吧台，日本稱這個金屬偏光色為「玉蟲色」。

右手邊小小的窗口是點餐和取餐的地方。

map

桌上有免費的炸屑可加進麵裡，用餐時被旁邊不認識的韓國男生示意一定要加！

　　訪店的當時才聽日本友人說，店主又租下了 suba 隔壁的空間準備著手新店，後來才知道準備開幕的是一間叫做「SUMI」，會販售紅白酒及咖啡的店，相信也會嶄新而有趣，如果有前往不妨一起走訪！

立食蕎麥／suba

地址　京都府京都市下京区木屋町通
　　　松原上ル美濃屋町 182-10
電話　075-708-5623
時間　12:00 ～ 23:00（最終點餐時間 22:45）
網址　https://www.instagram.com/subasoba

| 展覽空間 |

藝術也能更年輕而貼近生活
haku

　　同樣來自日本設計師友人們的推薦，2018 年開幕的 haku 位於熱鬧的四条寺町區域，斜對面就是永遠都大排長龍的拉麵店「麵屋 豬一」。將明治時期的町家翻修成簡約而明亮的樣子，有著大面開窗，比起一般感覺封閉的藝廊更容易讓人卸下心防推門而入，就像在路邊停下來欣賞一朵花那樣，haku 的目標是希望人們可以更自然而然地在日常生活中接近並欣賞藝術。

　　展覽的藝術家以新銳到中生代為中心，之前曾經在這裡觀賞過樂團「空間現代」與藝術家古舘健的聯展〈群れ〉（群聚），以介於晶體和非晶體之間的準晶體為概念，垂吊於展場內的多個喇叭反覆播放著序列性的聲音，在空間各自形成不同的旋律。另外像是畫作裡的人物和本人都不露臉的藝術家 AUTO MOAI、以解構重組拼貼為創作脈絡的多媒體、裝置藝術家金氏徹平、還有擅長捕捉光的攝影師石田眞澄等年輕藝術家都曾在此舉辦過展覽。

　　空間的二樓則是一樣名為 haku，以「能用五感感受」為概念的美容院，如果在京都想挑戰剪髮或是頭部 SPA，應該是不錯的選擇！

入口透明的大片玻璃窗可以先偷偷看看展場的細節。

遇上以聲音為媒材的展覽，現場吊掛了多個喇叭。

展覽現場：古舘健，〈群れ〉（群聚），2019 年。

展覽空間／ haku

地址 京都府京都市下京区中之町 566
電話 075-585-5959
時間 11:00 ～ 19:00，週二休
網址 https://hakukyotojapan.stores.jp

| 複合式商店 |

酷東西齊聚一堂
VOU

　　2019 年前往京都時 VOU 正在搬遷，按照地址找到新址才發現還在整修中，2023 年二次訪問才終於得其門而入。原本在無尾巷內老町屋內營業的 VOU 這次選擇了舊印刷廠整棟翻修，一樓是展示當代藝術家作品的藝廊，二樓爲商店，三樓則是活動空間。

　　店主川良謙太畢業於京都淸華大學的設計科系，他以自身的品味選物，概念爲「邂逅從未見過的事物」，從印刷品、陶器、擺件到服飾都有著自己的個性，但並列時又展現出絕妙的協調感。自己特別喜歡陶藝家金井悠蒐集製陶時的碎片，再使用模具灌漿，最後磨製成彷彿磨石子器皿的〈SOIL〉系列；還有平面設計師 YUKA 設計的「MAKE LOVE, NOT WAR」系列，源自美國1960 年代反戰運動的這句話被設計爲片假名、英文及漢字三種字體印製於圍巾和 T 恤，事後發現喜歡的日本新銳樂團「Cody·Lee(李)」主唱高橋響也有在表演上著用。像這樣有想法又有趣的藝術家商品大量陳列在 VOU 裡，讓人忍不住想一件件拿起翻閱把玩，建議多留一點時間，才不會像我一樣覺得沒逛夠，帶著遺憾離開啊。

平面設計師廣田碧的菜單貼紙和陶藝家金井悠的磨石子器皿。

店內一角放置著店名的霓虹燈看板。

1. 展覽現場：倉知朋之介、米村優人，〈NSFS / 止め処ないローレライ〉（無止盡的羅蕾萊），2023 年。
2. 店主時常更換店內各式雜貨的陳列擺設。
3. 書架上有著大量來自全世界的 zine，其中也有台灣藝術家的作品。
4. 從一樓展場通往二樓商店的樣子。

map

大樓招牌寫著漢字店名「棒大樓」。

複合式商店／ VOU

地址　京都府京都市下京区筋屋町 137
電話　075-744-6942
時間　13:00 ～ 19:00，週三、日休
網址　https://vouonline.com

發掘來自京都的好味道與好設計
D&Department KYOTO

　　住在東京時很常前往澀谷 Hikarie 內的 d47 MUSEUM 及 d47
食堂，D&Department KYOTO 一樣是出自知名設計企畫公司
D&DEPARTMENT PROJECT 手筆。由設計師長岡賢明在 2000 年
以「永續設計」宗旨設立的 D&DEPARTMENT PROJECT，旗下除
了有日本深度旅遊雜誌《d design travel》外，目前在日本各地及
韓國、中國設有 14 間實體店面，目標是在日本 47 個都道府縣都
設點，發掘具有在地風味，並能長久使用的設計。

　　D&Department KYOTO 坐落於本山佛光寺境內，建築物原本是
作爲集會所使用，2014 年在 D&DEPARTMENT PROJECT 及京都
造形芸術大学（現改名京都芸術大学）的聯手之下開幕，當初是
從企畫、選物到執行都讓學生共同合作的產學合作，目前則將經
營權獨立交回 D&DEPARTMENT PROJECT 負責。店裡陳列的商
品以每天都會用到的物件爲主，也有許多京都地產的食品，例如
當地製油老鋪山田製油的芝麻油、KYOTO kameyoshi 和風口味的
有機爆米花等，都是貼近生活又注重永續的選品。

原本是集會館的木造建築外觀。

食堂外擺設著本日限定菜單的介紹。

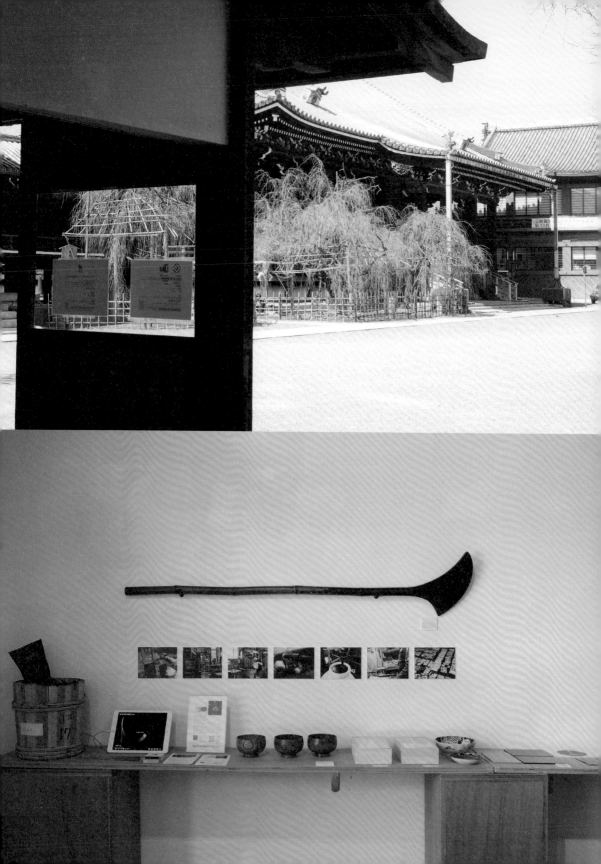

1. 架上整齊陳列著美觀又實用的生活雜貨們。
2. 佛光寺境內有著幽靜的氛圍。
3. 訪問時店內展覽正在介紹的漆器。
4. 食堂的門口，用餐時間會有不少當地人前來用餐。
5. 店內關於傳統工藝漆器的展覽。

map

另外店內還有作爲展覽區塊使用的空間，訪問時正在展出〈堤淺吉漆店のもののまわり〉（關於堤淺吉漆店的物件），這個「もののまわり」（關於物件）企畫長期介紹關西在地的工藝老鋪，現場除了播放製作影片之外，也展示了漆器的成品、半成品和道具等等，藉此讓更多人能關注或瞭解傳統工藝。

由於造訪時間接近中午，一旁並設的「d 食堂 京都」已經開始有了排隊人潮。食堂提供活用在地素材烹煮的定食，主題會不定期更換，但使用京都名產湯葉豆皮製作的烏龍麵和丼飯是常駐菜色。就算肚子不太餓，食堂的茶也是來自京都的丸久小山園、柳櫻園等知名茶鋪，咖啡豆則是由咖啡烘焙名店中山珈琲焙煎所提供。逛完 D&Department KYOTO 之後，佛光寺境內獨特的幽靜氛圍讓我忍不住多在戶外的長椅待了一下，兩旁坐了剛參拜完的老夫妻，和等著要進食堂吃飯的母女。混在當地人裡看著當時尚未盛開的垂櫻，覺得有種從更多面向體驗了京都的感覺，也讓 D&Department KYOTO 成爲了我特別喜歡的京都景點之一。

複合式商店／ D&Department KYOTO
地址 京都府京都市下京区高倉通仏光寺下ル新開町 397
電話 075-432-5075
時間 商店 11:00 ～ 18:00
　　　食堂 11:00 ～ 18:00（最終點餐時間：餐點 16:30，咖啡 17:00）
網址 https://www.d-department.com

復古系和服的第一選擇

てくてく京都 （TekuTeku 京都）

　　忘記從什麼時候開始，京都的和服體驗店家如同雨後春筍一般冒出，身邊的女生朋友也都趨之若鶩，只要到京都旅行，都紛紛將和服體驗排入行程，我也不例外。嘗試了好幾家不同風格的店家，有的鮮豔華麗，有的古典細緻，但最後發現自己最喜歡的還是像てくてく京都這樣，色彩豐富卻沉穩、圖案別緻又不失個性的復古系和服，也很適合搭上平常的飾品和髮型呈現和洋折衷風格。

　　不同於一般較平價的和服體驗店家大多會提供易於整理保存的聚酯纖維和服，てくてく京都則以傳統職人手製的絲質和服為主。店內會依照季節更新適合當下溫度的材質和花色，經驗豐富的着付師也會在客人站在腰帶架前迷惘的同時提出適合的搭配建議，像挑選了碎花和服的我原先打算搭配酒紅色的腰帶，但着付師告訴我這樣整體看起來會太秋天感，如果是鮮豔一點的橘色腰帶反而可以提亮，活潑的氛圍更適合春天。

大量的和服很容易選擇困難！

搭配腰帶的時候若是拿不定主意，
也可以詢問工作人員喲。

有著傳統京都町屋風情的店門口。

除了清水寺一帶之外，穿著和服也很適合到祇園附近晃晃拍照！

　　てくてく京都目前有兩家分店，以款式看來，備有 800 件以上和服的清水店勝出，如果穿完和服會在清水寺一帶觀光的話可以考慮。但若是跟我一樣喜歡出沒在市區，有著傳統京都町屋風情的四条烏丸店可能更適合，而且歸還時間也更晚，可以悠哉地在附近吃過晚餐再回來，盡情享受穿著和服的非日常時光。

和服體驗／てくてく京都
地址 京都府京都市下京区仏光寺烏丸東入上柳町 319-3
電話 080-9759-5005
時間 9:00 ～ 21:00
網址 https://tekutekukyoto.com/ch/

百年工藝的持續進化
Kaikado Café

　　開化堂創立於 1875 年明治時期，是日本最有歷史的手工茶筒老鋪。就算期間經歷了戰爭與機械大量生產的時代，開化堂依舊堅持手工製作，製作出的茶筒不但具有高氣密性便於保存食材，銅、黃銅與錫等金屬材質也會隨著時間推移展現不同的質感風貌，同時保有美感與機能，這也是開化堂能夠百年歷久不衰的原因。

　　2016 年，開化堂在鄰近京都車站的河原町七条區域開設了 Kaikado Café，原本想像或許會是選在很有京都風情的日式老屋內營業，沒想到開化堂選擇了京都市電（京都市區內的有軌電車，已於 1978 年廢除）修繕辦公室兼車庫的西式建築做翻修，和洋混合的店內也不只販售日本茶，除了五代目老闆最喜歡的咖啡：來自東京的中川ワニ珈琲，還有六代目老闆喜歡的紅茶：來自倫敦的 Postcard Teas、以及台灣台南的桂花堂梨山紅茶。據說咖啡廳是五代目老闆的夢想，但是到了六代目八木隆裕先生接手後才得以實現，他和其他京都傳統工藝新生代接班人們組成的創意集團「GO ON」也特地為 Kaikado Café 製作了特注商品，在店裡也能直接體驗使用，成為讓更多人接觸傳統工藝的新據點。

保留了京都市電時期西式建築
外觀的 Kaikado Café。

當天選擇搭配的點心是來自梅園
的あんがさね（豆餡夾心餅乾）。

1. 櫃檯一旁展示著咖啡與茶的道具。
2. 後院空間也很舒服！擺設的椅子是來自丹麥品牌 HAY 的戶外家具系列。
3. 二樓是開化堂的 showroom，也可上樓參觀選購！
4. 手沖咖啡時使用的也是銅製的杯器。

map

架上的咖啡罐隨著使用和時間，呈現出不一樣的痕跡。

咖啡廳／Kaikado Café

地址　京都府京都市下京区河原町通七条上ル住吉町 352
電話　075-353-5668
時間　11:00 ～ 18:00，週四休
網址　https://www.kaikado-cafe.jp

連空氣都美好的空間
Roastery DAUGHTER & Gallery SON

　　因為太喜歡 WIFE&HUSBAND（見 P162）了，說什麼都想撥出時間造訪 2018 年開幕的姊妹店 Roastery DAUGHTER & Gallery SON。確認了官網行事曆之後終於在回台之前的傍晚來到店前，這才恍然大悟前幾天在公車上經過數次，立面上大大地寫著「COFFEE」的棕色建築物就是 Roastery DAUGHTER & Gallery SON。

　　推開木製大門，進入有著溫暖燈光的店裡，撲鼻而來的就是咖啡豆的香氣。一樓是烘豆和販售咖啡豆的空間，二樓則陳列著古物和服飾，並不定期舉辦企畫展覽。恰巧店主夫妻之一的吉田先生也在店裡，太喜歡兩家店的我忍不住向吉田先生搭話表達我的喜歡，沒想到被吉田先生反問：「妳是不是前幾天也有去 WIFE&HUSBAND 坐在吧台？」於是就這麼幸運地得到了吉田先生對店裡的簡單導覽，店內空間保有了原本的年代感，和古物們搭配得恰到好處。商品大至鏡子、燈具等家飾，小至從國外搜羅來的擺件，漫步在其中觀賞和把玩的同時心中有著無限讚嘆，因為這樣的選物除了需要絕對的美感之外，還很需要對生活細節的掌握。

店內二樓陳列著的美好古物們。

販售咖啡的櫃檯，購買後會由店員當場包裝。

map

透露溫暖燈光的一樓門窗。

　　離開前詢問了吉田先生的推薦，帶走了一些味道扎實後味甘甜，
適合加牛奶的深焙綜合豆「SON」，回家繼續慢慢享受店裡美好
的空氣。

複合式商店／Roastery DAUGHTER & Gallery SON

地址　京都府京都市下京区鎌屋町 22
電話　075-203-2767
時間　12:00 ～ 18:30
　　　每月開放時間不固定，請參考官方網站開館行事曆
網址　https://www.wifeandhusband.jp

和藝術家一起駐村
KAGANHOTEL

　　京都車站的西北方有座京都最大的「京都中央批發市場」，穿越充滿生活感的市場周邊，以黑白灰三色構成的大樓其實是改裝自蔬果商的員工宿舍及加工廠。與其說是旅館，KAGANHOTEL更像是一個盛大的藝術企畫，地下室是藝廊及藝術家工作室，一樓是咖啡廳和可租用的活動空間，二樓是僅開放給住宿者的共享工作空間，三樓是提供藝術家長期滯在的 share house，住宿空間分布於四五樓，四樓為空間精簡、共用衛浴的 hostel 式房型，頂樓五樓則是套房式的旅館房間。

　　五樓旅館房型只有五間，每間的擺設和家具都各有不同，但最大的特點，是可以在入住時挑選自己喜歡的作品擺設進房間，若經過住宿這段時間的相處還是對作品愛不釋手，也能直接買下作品。三樓藝術家長期滯在的 share house 會透過審查，讓不同專長的藝術家做中長期的進駐，除了提供住宿空間之外，每位藝術家也會在地下室擁有專用的工作室空間。挑高的地下室就算需要搬動大型作品，動線和尺度也都沒有問題，意外地活用了原本的儲藏機能。

寬闊的入口空間，應該也很方便搬動大型作品。　　最大間的三人房，被套上的圖案也是出自進駐藝術家之手。

1. 房內可以自由選擇想擺設的藝術家作品。
2. 整理爲黑白灰三色的外觀讓復古的建築語彙也顯得現代了起來。
3. 明亮通透的一樓大廳空間，也提供租借舉辦活動。
4. 較小型的個人雅房空間，很適合藝術家中長期居留。

位於地下室的藝廊及藝術家工作室。

　　四樓的 lounge 空間則是共用的，不管是長駐的藝術家新星，或喜愛藝術的旅人，都能在此交流。官網上也有各種長短期住宿方案，如果下次想要短期移住京都一兩週，KAGANHOTEL 絕對是一個能更深度體驗京都藝術圈的選擇。

藝術旅館／ KAGANHOTEL
地址　京都府京都市下京区朱雀宝蔵町 99
網址　https://kaganhotel.com

Area 6

其他區域 etc.
———————
繞京都的外圍一圈

京都市的行政區總共有 11 個，
除了前面已介紹景點較爲集中，
並位於市中心的 5 區之外，靠近
西陣的北區、面積最大的右京
區，以及最近有許多新飯店開
幕，位於車站以南的南區，也都
是觀光時較會走訪的區塊。收集
在這裡爲大家一起介紹！

一起到鴨川野餐吧
WIFE&HUSBAND

　　還記得第一次在朋友的照片裡看到 WIFE&HUSBAND 吊掛著木凳和藤籃的門口時那個驚喜的感覺，後來發現這些道具可以實際租借帶到鴨川旁野餐後，更加深了總有一天一定要造訪的念頭。

　　WIFE&HUSBAND 位在北大路通一旁的小巷弄內，徒步到鴨川河岸只要一分鐘。用古物點綴的店內空間小而精緻，因為點心不能外帶，想先墊墊肚子的我們就在店裡先坐了下來，蜂蜜起司吐司外殼酥脆，藍紋起司加上蜂蜜後的甜鹹風味濃郁而特別，和略帶酸味的冰咖啡十分對味。

　　趕在最後租借時間三點前點了包含咖啡、法國麵包脆餅和杯子的野餐組合，其他的木凳、野餐墊、折疊桌和草帽等道具都需要另付租金。鴨川的風景四季都有不同的韻味，春夏草地翠綠甚至帶著草花，我們訪問的初秋草地已漸漸轉黃，但開始有涼風吹來的天氣也是店主吉田夫妻覺得最適合野餐的時節。坐在河岸草地看著鴨川和時光緩緩流逝，裝在保溫瓶裡的咖啡始終冰涼沁心，是會留在記憶中的美好下午。

店主吉田先生本人正在沖煮咖啡。

除了野餐組合之外，還另外租借了木凳和小折疊桌。

1. 店內牆面上的古物陳設也極有風情。
2. 傳單的擺放架居然是一台小鋼琴，非常可愛。
3. 招牌的蜂蜜起司吐司只能內用，但很美味。
4. 秋天的鴨川風景。

一邊野餐一邊能看著帶有黃色調的草地與鴨川。

　　因為這家店是由夫妻兩個人攜手共同經營的，也因此命名為
WIFE&HUSBAND，這兩個字要放在一起才有他們的意義。這段
話除了寫在官網，也翻譯成了英文印刷在咖啡豆的包裝盒上，連
細節都無比浪漫。另外也由於兩人希望有更多時間可以陪伴自己
的孩子，所以店面的營業時間並不一定，建議大家要訪問之前絕
對要先確認過，不要撲空了呀。

咖啡廳／ WIFE&HUSBAND
地址 京都府京都市北区小山下内河原町 106-6
電話 075-201-7324
時間 10:00 ～ 17:00
　　　每月開放時間不固定，請參考官方網站開館行事曆
網址 https://www.wifeandhusband.jp

傳說中的甜點店二度開張
步粉 hoco

　　步粉曾經是東京惠比壽的知名甜點店，店主磯谷仁美出版過多本烘焙食譜，當初住在東京時一直把它放在清單當中，但始終沒造訪，2015 年聽朋友說了關店的消息，當下非常後悔，沒想到三年後再度聽到步粉的名字，居然是它搬遷到京都重新開張的消息。

　　店主磯谷小姐在惠比壽步粉閉店後，曾到美國生活了兩年，一邊學習語言，一邊學習美式烘焙，也重新認知到自己熱愛甜點的心情。回國後為了分享自己邂逅的美味，於是選擇在京都再次開店。不同於惠比壽店當時的綠色古董洋房，重新出發的步粉在原本作為倉庫使用的日式房屋漆上了被稱為弁柄色的土紅色，既明亮又沉穩，很符合步粉甜點給人的印象。

刷上弁柄色的日式房屋。

門上畫的人臉 logo 也很可愛！

甜點盤組合有 Full 和 Small 兩種選擇，這次點的是小的。

　　當天選擇了小份的甜點盤組合，內容物包含司康、豆乳葛餅、
當月蛋糕和飲品，每個月都會更換內容的當月蛋糕是馬鈴薯奶油
蛋糕。第一次吃到馬鈴薯做的蛋糕，但用糖、奶油與鹽翻炒過的
馬鈴薯在放入麵糊烘焙過後口感鬆軟，十分適合在溫熱的狀態享
用。三種甜點都能吃出食材的美味，是感受得出製作者用心的溫
暖甜點。

甜點店／步粉 hoco
地址　京都府京都市北区紫竹西南町 18
電話　075-495-7305
時間　10:00 〜 18:00，週一〜週三休
網址　https://www.hocoweb.com

| 咖啡廳 |

體驗魔幻澡堂空間
CAFE SARASA 西陣

　　SARASA 是京都的老牌咖啡廳，旗下有多家分店，但最具特色的就是由錢湯改建而成的 SARASA 西陣。SARASA 西陣的建築物前身為 1930 年開業，1999 年歇業的藤ノ森湯（藤之森溫泉），同時也是登錄有形文化財。

　　SARASA 西陣在 2000 年開幕時依然能看見許多原本錢湯的痕跡，例如洗手台和廁所就都是當時的模樣，區分男女湯的牆面也做了部分保留。內部牆面使用大量馬約利卡花磚打造，整體空間顯得極度魔幻，獨特的氛圍成為許多日劇電影的拍攝地，電影《明天，我要和昨天的妳約會》中主角就曾在此約會，另外女星綾瀨遙也曾在此拍攝寫真集。

　　原本對這種咖啡廳的餐點不抱太大期望，但用餐的朋友表示分量很足且意外的美味，難怪店裡聚集了不少年輕學生。如果喜歡昭和時代的復古氛圍，就別錯過這個特別的空間體驗呀！

原本是錢湯建築的外觀讓人想起
神隱少女。

室內保留了大量的大量馬約利卡花磚。

甜點櫃附近張貼了大量的活動傳單,很符合店裡充滿活力的氛圍。

咖啡廳／ CAFE SARASA 西陣

地址 京都府京都市北区紫野東藤ノ森町 11-1
電話 075-432-5075
時間 11:30 ～ 21:00,週五、六 11:30 ～ 22:00,週三休
網址 https://www.cafe-sarasa.com

| 和菓子店 |

老牌和菓子店的和洋折衷型態
うめぞの茶房（梅園茶房）

　　梅園是創立於 1927 年的和菓子老鋪，創始的河原町店以砂糖醬油口味的みたらし団子（御手洗糰子）爲招牌，樸實溫潤的美味讓店裡始終座無虛席。

　　第三代傳人西川葵則選擇在離市區稍有距離的西陣開設新品牌，試圖在傳統的和菓子裡帶入新的風氣，而店址就恰好在 CAFE SARASA 旁。從小就耳濡目染會在家自己製作和菓子的她經過了一整年的嘗試，研發出了將餡料、寒天與葛粉混合固定成型，再加上裝飾製成的「かざり羹」（飾羹），店內固定提供八到十種左右的口味，圓形的是季節限定，方形的則是常駐口味。從和菓子常見的抹茶口味，到莓果等水果類，甚至洋風的巧克力、紅茶，搭配上鮮奶油和果乾等裝飾，再放置於粉引的陶製高台上，每個款式都顯得晶瑩剔透而精巧可愛。

　　朋友和我分別選擇了無花果和檸檬口味，輕盈的口感有點接近水羊羹，搭配上鮮奶油入口後也讓人聯想起法式糕點的慕斯，是不太有負擔的下午茶好選擇。只經過簡單改裝的店內空間清新雅致，下次還想穿著和服來回訪拍照！

一樓的圓弧甜點櫃內擺放著當季飾羹的樣品。

入口處的看板似乎是使用木製托盤製成的。

map

氣氛沉穩安靜的店內一角。

和菓子店／うめぞの茶房

地址　京都府京都市北区紫野東藤ノ森町 11-1
電話　075-432-5088
時間　11:00 ～ 18:30
網址　https://umezono-kyoto.com/nishijin

透過石庭頓悟人生真理

龍安寺

對寺廟建築甚少感到興趣的我會知道龍安寺，是因爲研究所時修習的「映像芸術論」曾播放並探討了日本實驗電影先驅飯村隆彥和建築師磯崎新合作拍攝的作品〈間：龍安寺石庭の時／空間〉，當時授課的老師 Christophe Charles 本身也是來自法國的多媒體藝術家，在我尙未親身造訪龍安寺前，就從他的描述先知道了龍安寺石庭的奧祕。

龍安寺創建於 1450 年，並在 1994 年列入「古都京都の文化財」之列，登錄成爲了世界遺產。但它的枯山水庭院石庭的知名度超越了寺廟本身，甚至連美國傳奇作曲家 John Cage 都曾在訪問龍安寺時被石庭觸發，進而創作了〈Ryoanji〉（龍安寺）一曲。龍安寺的石庭由十五塊岩石與大量白砂構成，白砂在群聚的岩石周圍描繪出弧線，空白處是橫線，最外框則以垂直水平包圍起庭園，是典型的枯山水設計。事實上看起來是平坦的庭園並非水平線，而是考量到排水，特地將左側深處的一角設計得比較低，右側的

秋初時訪問的龍安寺仍然充滿綠意。　大部分的遊客都聚集在庭園旁觀看著石庭。

圍牆高度也採前高後低的形式，取得視覺上的平衡。但龍安寺的石亭最不可思議之處，是無論從哪個角度觀看，都沒辦法看到十五塊石頭的全貌，彷彿在告誡世人，我們永遠無法以有限的視野，去看到世界的全貌。

　　恰好是和研究所同學一起前往的，我們來回認真地算了幾次石頭，最後坐下聊了聊研究所時的往事和彼此的近況及創作。大家有機會訪問的話別忘了也試著數數看，在庭園旁坐坐，說不定可以悟出什麼道理，或得到創作的靈感也不一定。

寺院／龍安寺

地址 京都府京都市右京区龍安寺御陵ノ下町 13
電話 075-463-2216
時間 8:00 ～ 17:00
　　　冬季（12/1 ～ 2 月底）8:30 ～ 16:30
網址 http://www.ryoanji.jp/top.html
票價 ¥500

| 藝術旅館 |

藝術設計旅館的先驅
HOTEL ANTEROOM KYOTO

　　HOTEL ANTEROOM KYOTO 開幕於 2011 年，當時藝術旅館尚未大量興起，負責整體企畫的 UDS 株式会社也曾在 2003 年擔綱東京目黑設計旅館 CLASKA（已閉館）的翻修。因爲很喜歡小巧溫潤又充滿設計感的 CLASKA，自然也對 UDS 株式会社留下了深刻印象，前幾年到京都旅遊時就選擇住宿 HOTEL ANTEROOM KYOTO。

　　HOTEL ANTEROOM KYOTO 位於京都車站南邊的九条與十条之間，這幾年陸續新建了許多旅館，附近較少商業設施，但步行約十五分鐘能到京都車站，趕時間的話搭計程車更快，算是鬧中取靜的區域。而 HOTEL ANTEROOM KYOTO 的建築物曾是學生宿舍，因爲建築物本身並未做太多改裝，從走廊和餐廳等空間仍能想像舊有的面貌。入口大廳的一旁就是名爲「Gallery 9.5」的展示空間，「9.5」一詞取自立地的九条與十条，由藝術家名和晃平率領的「Sandwich」擔任藝術指導，介紹以京都爲據點的藝術家。住宿時展出的展覽爲日本自行車品牌 narifuri 與裝置藝術家金氏徹平合作的展覽〈自転車が街を彫刻する Bike-riding is sculpting cityscape〉，不只發揮金氏徹平擅長的異材質組裝，同時也與服

住宿當時旅館的招牌上放置著
彷彿坐在屋簷上的人像作品。

旅館的櫃檯，一旁是販售設計商品
的旅館商店。

展覽現場：〈金氏徹平，自転車が街を彫刻する Bike-riding is sculpting cityscape〉，
2017 年。

飾結合，有著繽紛拼貼的襯衫和包包都非常可愛。

　　HOTEL ANTEROOM KYOTO 的房型分成概念房與一般房兩種，概念房即為請來藝術家設計的房間，其陣容也是非常豪華，包含了攝影師蜷川実花、前面提到的名和晃平與金氏徹平等等。當初選擇了一般房型，雖然房間不大但包含衛浴，以京都的房價來說非常划算，是體驗藝術旅館的入門好選擇！

藝術旅館／HOTEL ANTEROOM KYOTO
地址　京都府京都市南区東九条明田町 7
電話　075-681-5656
網址　https://www.uds-hotels.com/anteroom/kyoto

身為西日本首屈一指的大型都市，大阪自古以來就因其臨海的
地理位置而成為重要的貿易港口。相對於東京以武士為重的武
家文化，以商業立足的大阪則是商人文化盛行，並有著豪爽而
幽默的民族性。另外大阪的街景也和一般印象中的日本不同，
像是通天閣附近的新世界、運河旁的道頓堀都能看到比鄰店家
熱鬧歡騰的招牌與霓虹燈，有著不同於其他地區的活力與魅力。

大阪
Osaka

充滿活力的西日本重鎮

Part 3

不同領域碰撞出的巨大創作能量

graf

　　走在大阪不難發現不管走到哪兒都有河川和橋的蹤影，其中有天然河流，也有爲連接這些水路而開鑿的運河，縱橫在大阪的土地上，能清楚看見這個商業城市在舊時代透過水路運送貨物的痕跡。其中堂島川與土佐堀川包夾出細長型的沙洲中之島，雖然占地不大，卻從明治時期開始一直是大阪的政商中心，有許多大型企業總公司或大阪分社進駐，同時也是高級飯店和商務旅館的聚集之地。某次前往大阪旅遊時剛好住在中之島，散步往国立国際美術館的路上經過了 graf，白色方形的量體用深灰色切面圍塑出入口空間，隨興地擺著一些設計家具的氣氛也讓人嚮往。

　　設計集團 graf 以大阪的中之島及豐中爲據點，他們的業務範圍十分廣泛，從原創家具到空間、平面、產品設計外，也在辦公室兼商店的空間內增設了咖啡廳，並一路延伸至市集活動的企畫與執行，看似多元的經營項目其實都圍繞著共同的理想，希望能透過「製作」來達成「更加豐裕富饒的生活」。graf 的成員構成也不同於一般通常以設計師構成的公司，旗下除了平面、產品設

由切面導出的入口空間。　　　　　　　在門口就能看見內部的商店和咖啡廳。

シトラスフルーツのクレープ	カフェオレ (HOT/ICE)	¥500
vegetable cake ¥600	**softdrink** かんきつジュース	¥500
	リンゴジュース	¥500
seasonal sweets ¥600	すだちサイダー	¥500
かぼちゃのタルト	自家製ジンジャーレモネード (HOT/ICE)	¥600
	季節の酵素ドリンク	¥600
	無添加コーラ	¥700
sweets set 11:00~19:00		
お好きなドリンク	**alcohol** 気泡ビール	¥700
+¥100	自家製ハーブのオリジナルカクテル	¥700

1. 展示櫃內擺放著新鮮的烘焙點心。
2. 家具也是 graf 特別專精的領域之一。
3. 架上種類豐富的文具雜貨讓人忍不住想購買！
4. 門口處的告示板上貼著咖啡廳的當日菜單。
5. graf 企畫的「cut piece」系列所推出的「蘋果的容器」。

計師外，包括家具職人和主廚也在成員之列，這也說明了爲什麼 graf 無論在製作物件或策畫活動上，總能以更多角度去觀察，產出更多有趣的新點子。

例如中之島 graf studio 內並設的咖啡廳就是最好的例子，各取成員所才，對於客人來說能夠輕鬆地前往，對 graf 來說則是自身商品最棒的伸展台，從餐具、器皿到桌椅，皆能體驗到 graf 的精心設計，同時也能馬上把心儀的商品帶回家。此外店內提供的午間定食也很受到歡迎，精選食材並每日替換的主食搭配上玄米，不只精緻美觀也分量感十足，是能同時滋養心靈與胃口的一餐。

複合式空間／ graf

地址　大阪府大阪市北区中之島 4-1-9
電話　06-6459-2100
時間　11:30 ～ 18:00
　　　週一及每月第二個週二休

藏身地底的現代藝術殿堂
国立国際美術館

　　在高樓林立的中之島區域，坐落於 graf 身側，以金屬支架構成的国立国際美術館顯得格外引人注目，然而這形似蜿蜒在地的大型昆蟲的空間僅是美術館的入口，眞正的美術館空間皆被收納於地下，經過綿密計算導入光線，就算身處地下室依然能保有自然光。国立国際美術館由阿根廷裔美國建築師西薩‧佩里（César Pelli）設計，同樣位於大阪並爲人所知的超高層建築あべのハルカス（阿倍野 HARUKAS）也同樣出自他的手筆，他的代表作還有馬來西亞吉隆坡的雙峰塔、香港國際金融中心、紐約的世界金融中心等標誌性高樓建築。但国立国際美術館卻一反這些巨大的量體，反而以大量弧線架構出宛如雕塑的不規則造型，據說概念來自充滿生命力的竹林。

　　国立国際美術館成立之初立地於萬博記念公園，但長年使用的建築物漸漸老朽，最後在 2004 年搬遷到目前的場館，希望能成爲中之島歷史與文化的發信地。近期最印象深刻的展覽是法國當代藝術家克利斯提昂‧波坦斯基（Christian Boltanski）的大型個展〈Lifetime〉，曾在瀨戶內海的豐島體驗過他的作品〈心臟音のアーカイブ〉（心臟音資料館），也在越後妻有大地藝術祭觀賞過他

Alberto Giacometti，〈Woman of Venice IV〉，1956 年。

雖然埋在地下，但導入的光線仍然讓空間十分明亮。

與 Jean Kalman 共同製作的〈最後の教室〉，兩件作品皆選擇在宛如凝結的漆黑空間中置入聲光效果，都讓人印象深刻。而搜羅了波坦斯基由早期到近期作品的〈Lifetime〉以大阪国立国際美術館爲起始，再拉到東京的国立新美術館與長崎県美術館，展開日本的巡迴，在 2019 年度也創下極高的觀展人次。

● 信奉結構主義的生命創作家：克利斯提昂・波坦斯基

克利斯提昂・波坦斯基是法國當代代表性藝術家之一，他曾傾心於「現代人類學之父」克勞德・李維史陀（Claude Lévi-Strauss）建構的結構主義與神話學，認爲物件和事物背後都另有涵義。他由影像作品開始爲衆人所知，加上拼貼、導入日常物件等手法，讓物件作爲載具去展現出更進一步的記憶、生死等議題。他曾表示作品應該由觀賞者去完成，或許也因此他近期著名的作品大部分爲空間型的體驗式作品，讓觀賞者在極近距離去體驗作品的魄力，依自己的背景產生不同的解讀，反應出不同的生命歷程。

而最近一次訪問時，国立国際美術館正在展出〈ピカソとその時代　ベルリン国立ベルクグリューン美術館展〉（畢卡索與其時代柏林貝格魯恩美術館展），由德國柏林的貝格魯恩美術館的館藏中搜羅了畢卡索（Picasso）及同時期的藝術家保羅・克利（Paul Klee）、亨利・馬諦斯（Henri Matisse）、阿爾伯托・賈科梅蒂（Alberto Giacometti）的作品。畢卡索的作品早已不陌生，現場

map

大廳牆面上設置的是 Joan Miró 的陶板壁畫〈Innocent Laughter〉。

觀賞最印象深刻的則是阿爾伯托‧賈科梅蒂的雕塑作品。其超脫現實，纖長瘦弱的姿態呈現出莊嚴而寂寥的氛圍感，彷彿在訴說人類的渺小與不堪一擊，希望有朝一日也能一睹大件雕塑的眞跡。

美術館／国立国際美術館

地址　大阪府大阪市北区中之島 4-2-55
電話　06-6447-4680
時間　10:00 〜 17:00（最終入場時間 16:30）
　　　週五、六開館至 20:00，週一休
網址　http://www.nmao.go.jp
票價　依展覽而定

中之島的當代藝術文化新據點
大阪中之島美術館

　　前一次訪問中之島的時候才蓋到一半，這次在国立国際美術館前就能看見大阪中之島美術館的身影。大阪中之島美術館的館藏以 19 世紀後半到 21 世紀現代的近代、現代美術爲主，其中又以與大阪有關聯性的作品爲大宗，像是出生於大阪的具體派之父吉原治良的經典作品之一〈作品〉，以及平面設計大師早川良雄的多幅展覽海報都在館藏之列。大阪中之島美術館的設立其實經歷了種種波折，美術館早在 1983 年就發表了開館構想，1990 年即成立準備室，中間經歷了與市政府的磨合，最終於 2016 年重新開啟了美術館建築物的競圖案，足足經過了三四十年才終於在 2022 年迎來開館。

　　籌備了如此之久，大阪中之島美術館開館的首波展覽〈Hello! Super Collection 超コレクション展 ―99 のものがたり―〉（超藏品展―99 個故事―），自超過六千件藏品中精選出約四百件代表性作品，並訴說 99 個關於展品與收藏的故事。除了 1983 年當時由實業家山本發次郎先生捐贈的多件私人藏品、海外也曾展出的西洋美術作品之外，經典海報和家具藏品也是其他美術館較爲少見的館藏。例如北歐設計之父阿爾瓦・阿爾托（Alvar Aalto）所

入口處的階梯與欄杆形成有趣的
線性規律。

建築物是很巨大的黑色量體。

1.戶外的草地在中午會有許多人在此歇息。
2.一樓的丹麥家具家飾品牌「HAY OSAKA」也不能錯過！
3.室內空間錯落的樓梯和走道。
4.從窗戶可以看到一旁的國立國際美術館。

map

設計的家具，以及知名設計師倉俣史朗充滿詩意之美的經典之作〈Miss Blanche〉，都能在此次展覽一睹真跡。

　　大阪中之島美術館巨大的深黑色方塊量體建築由遠藤克彥建築研究所操刀設計，實際站在館內挑空大廳，可以看見手扶梯猶如交錯的通道貫穿了整個空間，這也呼應了以法語中的詞彙「passage」（意為步行者的通道或能自由行走的小徑）為建築設計的核心概念，希望不只是觀展者，而是任何人都能自在訪問的公共空間。中之島自古以來一直都是大阪的商業重鎮，當然不會少的就是人。五層樓的美術館特地在一二樓立面打開了多處出入口，連接館外偌大的廣場與草地，能看出美術館希望導入人潮成為休憩之地的野心。

　　若對日本明治時期的建築物，或是大阪的歷史有興趣，可以散步至中之島圖書館及一旁的大阪市中央公會堂參觀，兩者都是重要文化財，富有歷史感的建築映襯著其他現代化的高樓大廈，也形成了中之島的獨特風景。另外美術館的一樓進駐有丹麥家具家飾品牌「HAY OSAKA」，我帶走了一個與食物設計師 Laila Gohar 聯名的橘色網狀購物袋，也推薦給大家順路進去逛逛！

美術館／大阪中之島美術館
地址　大阪府大阪市北区中之島 4-3-1
電話　06-6479-0550
時間　10:00 ～ 17:00（最終入場時間 16:30）
　　　週一休（如遇國定假日則順延至下一個平日）
網址　https://nakka-art.jp/tc/
票價　依展覽而定

中之島的當代藝術文化新據點
こども本の森 中之島（童書森林 中之島）

　　中之島的另一個重點是島上更東側的こども本の森 中之島，和中之島圖書館及大阪市中央公會堂一樣位於中之島公園的敷地內。中之島公園是大阪最古老的公園，園內的玫瑰園也是很多愛花人必訪的景點。站在縱貫中之島的難波橋上，就能看見以安藤忠雄招牌清水模打造出的圓弧量體，靠著水岸拉出的露台上也放置了與兵庫縣立美術館相同的青蘋果。

　　こども本の森 中之島爲建築師安藤忠雄親自提案、設計並捐贈的建築物。他認爲小孩應該從小就透過閱讀培養豐沛的感性與想像力，也因此希望能爲兒童打造一個與書邂逅的場所。經過募資及書本募集，終於在 2020 年 7 月正式開館。建築物本身有三層樓，牆面可以說幾乎都被書櫃塡滿。呼應館名「森林」的概念，如果書是森林遍布的葉，那麼館內挑空的大階梯就像是樹木的根，高度小梯面深的尺度除了方便兒童行走，同時也更適合坐下輕鬆地閱讀。

由圓弧導出的正立面，還可遠遠看見天台上和兵庫縣立美術館相同的青蘋果。

1. 建築相關的藏書也很豐富！
2. 連使用的家具都不馬虎，兒童椅來自芬蘭的家具品牌 Artek。
3. 弧形的書櫃是我覺得最漂亮的區域。

由難波橋眺望こども本の森 中之島的景色。

　　館內的館藏圖書並未使用一般制式的排架方式，而是將書本分為十二大類：「與自然遊玩」「活動身體」「給喜歡動物的人」「每一天」「吃飯」「大阪→日本→世界」「美麗的東西」「故事和話語」「未來會怎樣？」「關於將來」「生命／死亡」及「給孩子身邊的人」，每一大類又再細分為各式主題，主題之間彼此關連，能夠讓興趣觸角延伸得更深更廣，由更多角度去探究世界的多樣性。其中最印象深刻的是「未來會怎樣？」的區塊內，除了「未來預測」等主題的書籍之外，還擺放了一區命名為「失敗了也沒關係」的書籍，的確失敗也是需要學習的，如此細心的陳列讓人會心一笑，甚至對這樣的學習環境感到有點感動，忍不住想著，如果台灣也有這樣的空間就太好了呢。

map

挑空處可以看見由一樓延伸至三樓的書牆。

圖書館／こども本の森 中之島

地址　大阪市北区中之島 1-1-28
電話　06-6204-0808
時間　9:30 〜 17:00，週一休
網址　https://kodomohonnomori.osaka
　　　（入館需提前上網預約）

萬國博覽會的文化遺跡
太陽の塔（太陽之塔）

　　住在東京的研究所時期，對於位在青山的岡本太郎紀念館留下
了非常深的印象，而坐落在大阪北端萬博紀念公園內的太陽の塔
亦是他最著名的代表作。

● 走在亞洲最前端的日本萬國博覽會

　　1970 年的日本萬國博覽會舉辦於大阪府的吹田市，主題為「人類的進步與
協調」，共有 77 個國家參與，台灣也在其中，設計場館者為知名建築師
貝聿銘。正處於二戰後高度經濟成長期的日本在舉辦完 1964 年的東京奧
運後氣勢正旺，動員了眾多企業、學者、建築師及藝術家共同投入打造這
場盛典，而最重要的整體會場則交由日本當時最具代表性的建築巨匠丹下
健三來設計，而曾師事於他的代謝派建築師黑川紀章等年輕世代也負責了
部分會場設計，將代謝派理念帶入萬博。當時無論是展示內容或是建築空
間皆運用了最新技術，像是單軌列車、電動步道、罐裝咖啡等都是在當時
首次登場，大大震撼了當時人們的思想與感官。

太陽之塔內部，「生命之樹」的底層。　　四張臉之一：黑色的太陽。

　　目前靜靜佇立在公園內的太陽の塔當時身處會場中央的祭典廣場，廣場有著可以遮風避雨的大屋頂，而這個大屋頂也大有來頭，是由負責整體設計的建築師丹下健三所打造。丹下健三用巨大的金屬桁架及薄透的塑料皮膜展現出了能夠無限發展並再生、重組的建築模式，完全是當時代謝派的概念體現。據說在大屋頂定案後，岡本太郎的太陽の塔才正要開始製作，一起前往現場視察的兩人為了太陽の塔的高度爭論不休，最後他堅持要在高 30 公尺的大屋頂上開一個洞，高 70 公尺的太陽の塔則從中竄出，讓原本極具未來感的空間頓時超現實了起來，更加令人難忘。不過大屋頂本身已在 1978 年拆除，目前保留了部分結構體置留在園區內作為保存及紀念，也讓這場對決畫下句點。

　　原本作為臨時建築建造的太陽の塔並未做有足夠的結構強度，但在民眾長期的盼望之下，終於在 2018 年完成了結構強化工程，重新開放了預約制的內部參訪，只要事先上網登記，人人都能一窺太陽の塔的內部。太陽の塔代表萬物的能量，他同時具有四張臉孔，第一張是塔頂金色象徵未來的「黃金之臉」，二是象徵現在，位於正面的「太陽之臉」，三是背面的「黑色太陽」，象徵的是過去，第四張臉從外部無法看見，是深藏在太陽の塔內部地下室的「地底的太陽」，象徵人類的祈禱及心靈的源頭。進到太陽の塔內除了能夠看見「地底的太陽」之外，縱貫整個塔內空間，高達 41 公尺的「生命之樹」也是一大看點，使用奇幻的色彩及大量模型，演繹出從變形蟲等原生生物到人類的演化過程。雖然需要爬些樓梯（行動不便者也有電梯可搭乘），但適合闔家大小觀賞，或許對不喜歡作品透過玻璃展示的岡本太郎來說，這才是最好的作品遺留方式。

map

在生命之樹上重現了生物及人類的演化過程。

主題館／太陽の塔

地址　大阪府吹田市千里万博公園 1-1（萬博公園內）
電話　06-6877-7387
時間　10:00 ～ 17:00，週三休
網址　https://taiyounotou-expo70.jp/tc/

用黑膠唱片度過旅途的夜
HOTEL SHE, OSAKA

　　在搜尋大阪住宿時，HOTEL SHE, OSAKA 很輕易地就在腦海裡留下了印象。社群媒體上時髦的人像照片及以其打造的一頁式官網除了帶來強烈畫面感外，不知怎地總讓我聯想起一些日本新銳樂團的音樂錄影帶，雖然網頁本身沒有聲音卻彷彿有音樂在流動。而這個感覺也的確正確，因為 HOTEL SHE 最大的特色之一便是每間房間都備有黑膠唱機，除了房間內會隨機配有兩張黑膠之外，大廳還有大量黑膠可以免費自由租借，在旅途中也能用懷舊音樂充滿夜晚。

　　HOTEL SHE, OSAKA 位於弁天町，鄰近港口，雖然位於 JR 環狀線上，卻少見一般觀光客造訪，據說是早期港口勞工居住的區域，一踏出車站就能看見略為陳舊的高架橋及彷彿凝結了時間的街景，不若市區熱鬧繁雜，也另有一種清幽風情。HOTEL SHE, OSAKA 選用了藍色面磚做為外牆和一樓大廳的立面材質，公共空間和房內也大量使用了藍色的沙發和牆面做為主色，像是在呼應不遠處的港灣，有點都會也有點慵懶，是讓人忍不住會想久待的旅館。

HOTEL SHE, OSAKA 的霓虹燈外牆，很多人會在此拍照打卡。

一樓的戶外公共空間，晚上很適合和朋友在這裡喝酒聊天。

map

房內空間不大，但仍布置得舒適又有個性。

　　除了大阪之外，京都九条也能找到 HOTEL SHE, KYOTO，經由年輕團隊的打造，雖然風格不同但同樣上鏡。不妨選間離自己旅程順路的點，留下美好的記憶與照片吧。

旅館／HOTEL SHE, OSAKA

地址　大阪市港区市岡 1-2-5
電話　06-6577-5500
網址 https://www.hotelsheosaka.com

新生舊大樓內的溫暖食堂
SAN

　　因為日本友人在 Instagram 上傳的早餐照片實在太過美味，幾年前就已經把 SAN 的名字放在心裡，抱著想好好吃頓飯的心情按著地圖索驥而來，卻在進門前先被吸引住了。抵達 google map 導航的地點時，我忍不住對照了大樓名字是否正確，因為眼前的量體跟想像中的「大樓」不同，是一座扇形的建築物，有多個面向的一樓進駐了花店、咖啡廳等商店，復古風格的門面上除了掛著大樓名稱「新桜川ビル」（新櫻川大樓）之外，還掛滿了「都市景觀資源」「2017 年舊屋改造首獎」「2018 年房屋設計賞特別獎」等看板。新桜川ビル從五十年前就是所謂「住商混合大樓」的先驅，一二樓是店鋪，三四樓則是住宅，除了本身就是商店街之外，扇形建築的內側還有一座市場，當時由大阪府住宅協会所設計的空間有著簡潔的外觀和大面的玻璃窗，體現出當時流行的現代主義。2015 年由專門翻修老房的大阪 R 不動產開始著手，用最小程度的破壞與重建去盡量呈現當時的氛圍，也因此獲獎無數。

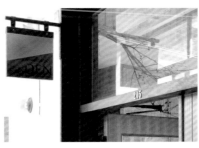

除了 SAN 之外，大樓內還有許多有趣的進駐店家。

看起來是從以前就留存下來的大樓名牌。

1. 一樓入口處有每個區劃的介紹和放信件用的小木盒，復古得可愛。
2. 面對著戶外的架高吧台式座位看起來也很舒適。
3. 吃得出用心烹調的午間定食。
4. 外牆上懸掛著許多建築獎的告示牌。

map

吃飽飯忍不住在弧型走廊上張望探險一番！

　　在扇形的平面圖上，二樓被切割成了六間店鋪，SAN 就身處其中。只有 13 席座位，但在平日中午依舊座無虛席，開店瞬間就有大批打扮入時的年輕女子們湧入。午間套餐通常會有義大利麵類、沙拉和肉類提供選擇，另外會附上兩道小菜和麵包或飯，若是一個沒有其他行程的白天，選擇只需加價￥300 的 Wine Lunch Set 小酌一番一定也很愜意！

餐廳／SAN
地址 大阪府大阪市浪速区桜川 3-2-1 新桜川ビル 204
電話 06-7713-1455
時間 8:30 ～ 17:00，週二休
　　　晚餐不定期營業請參考 Instagram @san_osaka
網址 http://san-osaka.com

鬧區巷弄中的侘寂角落
Wad cafe

　　若是問起大阪最熱鬧的區域，在地的關西人會告訴你是「キタ」（北邊）和「ミナミ」（南邊），北邊指的是跨縣市交通方便、百貨大樓林立的梅田、大阪站周邊，而南邊則是心齋橋、難波一帶。這兩個區塊都從江戶時代就繁榮至今，相對於已經大幅度都市更新，呈現現代化樣貌的北邊，保有庶民色彩，更貼近一般人印象中大阪印象的，非南邊莫屬。從心齋橋和難波車站畫出方圓約一公里的距離之內有著各式店家，不管是要在道頓崛附近享受平價美食、到美國村的古著店和唱片行尋寶，或是想逛逛堀江周邊的時髦小店再坐下喝杯咖啡，基本上在南邊都能滿足需求。

　　在 SAN 用完午餐後，剛好一路穿過堀江漫步前往 Wad cafe，雖然徒步需要三十分鐘左右腳程，但邊走邊逛邊觀察城市風貌，也不覺得非常遙遠。若自心齋橋車站出發，走到 Wad 只需要五分鐘，絕對算是心齋橋一帶的熱鬧地段，但若穿過戶外鐵梯走進這棟米白色大樓，立即就能感受到一股優雅沉靜的氛圍。「Wad」意即「和道」，以日本的美好之物為主題，帶來更多飽含心意的獨特物件。二樓的咖啡廳區域能夠同時享受道地的日本茶以及美麗的

沿著白色的看板爬上二樓就能看見 Wad 的入口。

由店員現場手沖的茶品。

1. 點抹茶的話可以由層架上選擇自己喜歡的杯器！
2. 我選的陶杯和抹茶，另外也附上了甘納豆作爲小點。
3. 三樓的展覽空間「Wad+」。
4. 遇見了陶藝家和田直樹的作品，粗獷而富有生命力。

map

陶製器皿，在吧台後一字排開的茶碗可以自由選擇，當然也能在吧檯前觀看茶品的沖泡過程。若是對茶有研究，Wad 有著琳瑯滿目的款式能夠挑選，不然浮著奶泡、黃豆粉和黑蜜的抹茶拿鐵也是絕對不會出錯的選擇。若是正好於夏季來訪的話，期間限定的茶口味刨冰也千萬別錯過！

　　三樓的藝廊區域「Wad+」以日本當代陶藝家展覽為主，另外他們也熟習「金継ぎ」（金繕）技術，除了能代客修復破損器皿外，也會不定期開設改良版金繕教室，將原本需從調和天然粘合劑開始的繁雜手續簡化。除了推廣技術本身外，也反應了 Wad 的理念，讓器皿能更長久地陪在使用者身旁。

複合式商店／ Wad cafe
地址　大阪府大阪市中央区南船場 4-9-3 東進ビル 2F
電話　06-4708-3616
時間　12:00 ～ 19:00，不定休
網址　http://wad-cafe.com

和菓子「最中」的嶄新姿態
実と美 mitomi

　　「最中」是一種看似簡單但做工繁複的和菓子，傳統的最中夾餡以紅豆餡為主，餅殼需要先以糯米粉加水和成麻糬狀蒸熟，接著以人工或機器桿薄，最後烤製而成，吃起來有點類似蛋捲冰淇淋的餅乾殼，有鬆脆的口感和澱粉的香氣。

　　由最熱鬧的心齋橋一帶往東搭乘一站地鐵，或散步莫約半小時，在大阪上本町的住宅街上隱身了一家專門販售最中的和菓子店「実と美 mitomi」，以「日本良品」為概念，將時令的素材融合進最中裡，並嚴選新鮮的茶葉做搭配。店內的最中口味會不定期更換，前往店裡的時候是春天，在三入一組的組合中挑選了「抹茶餡、大納言紅豆、鹽昆布」「白味噌、黑無花果、蘭姆酒」，還有期間限定的「櫻花餡、羽二重餅」三種口味。大部分的口味都是一般少見的組合，而「櫻花餡、羽二重餅」口味發想自日本傳統和菓子「櫻餅」，不使用香料，使用天然櫻花精華做出櫻花口味的內餡，疊上比一般麻糬更加柔軟的羽二重餅，中間再夾上一小片以鹽醃漬的櫻花葉，讓風味更有層次。

低調的在住宅街內亮著光的店門口。

除了招牌的最中之外，也有些堅果類的零嘴販售。

map

櫥窗內陳列著目前販售的最中口味。

　「実と美 mitomi」目前僅提供外帶，外帶時會將最中的餅殼及內餡分開擺放，食用時再自行撕開密封袋夾上內餡，配上一壺茶就能在最美味的時機享用，由於體積比較精緻的關係，一次吃下三個也不會感到負擔。下次還會想在不同的時節造訪，在小小的最中當中感受四季的更迭。

和菓子店／実と美 mitomi

地址　大阪府大阪市天王寺区上汐 3-5-19
電話　080-6666-7326
時間　週三〜五 12:00 〜 18:00
　　　週六、日、假日 11:00 〜 18:00
　　　週一、二休
網址　https://mitomi-monaka.com

兵庫縣身爲西日本面積最大的縣，一路縱斷了日本本島，北接日本海，南面瀨戶內海。而港都神戶是兵庫縣的首要都市，同時也是日本由古至今重要的觀光、貿易港口，曾設有外國人居留地的神戶至今仍保留著當時的建築與異國風情。神戶之外像是「姬路城」、名列日本三大名泉之一的「有馬溫泉」、連接本州與淡路島之間的「明石海岸大橋」等，都是各有不同風貌的景點。

兵庫
——
Hyogo
——

具有不同面貌的的海港城市

Part 4

蘊含了生命能量
淡路夢舞台

　　日本神話當中，日本國土是由伊邪那岐與伊邪那美兩位神祇所創造，而傳說中所創造的第一個島嶼就是位於兵庫縣最南端的淡路島。由建築師安藤忠雄設計的淡路夢舞台就坐落於這座島嶼的北端，能夠一眼望見海灣的高地。很難想像的是，這片土地曾經由於挖掘土石給關西機場填海造地而成為一片不毛之地，而後又在 1995 年的阪神大地震時受到了極大的衝擊，幸好最後在安藤忠雄的主導之下，由植樹開始一點一滴地恢復了淡路夢舞台的生機，最後終於在 2000 年開幕。

　　在安藤的建築生涯中，除了擅用清水模材質與俐落的幾何造型這兩個特色之外，與自然環境的結合也是他著眼的課題。建築師生涯初期大部分以住宅等小型案例為主的他，在 80 年代末期開始逐漸將觸手伸往教會、公共建築、美術館等中大型建案，曾經參觀過多座由安藤忠雄設計的建築物，而淡路夢舞台是占地最廣的一處，其中包含了國際會議場、度假飯店、野外劇場、植物園及庭園等空間。

「空庭」的階梯遊步道。

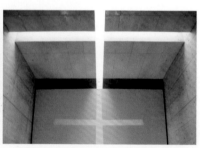

用光線做出十字架的「海之教堂」。

map

● **安藤忠雄展—挑戦—**

2017 年於東京国立新美術館作爲開館十週年特展登場的〈安藤忠雄展—挑戦—〉將建築師安藤忠雄由早年至今的作品，以一系列的關鍵字：「原點／住居」「光」「留白的空間」「解讀地域」「活用現有創造未有」「培育」重新編排，總計展出了兩百件以上的設計作品，以模型、草圖、圖面、影片等各式各樣的方式呈現，甚至 1：1 重現了他早期的知名作品〈光之教堂〉，能夠親自走進空間之內朝聖，創下觀展人次 30 萬人的紀錄。

　　選擇由神戶三宮巴士總站乘坐高速巴士直接抵達淡路夢舞台，我們的下車地點就在威斯汀飯店前，由飯店入口進入後隨著指標找到通往海之教堂的通路，之後經由串連的走道或天橋即可迴遊貝之濱、圓形廣場、海迴廊、橢圓廣場、山迴廊等空間，最後坐上電梯就能抵達百段苑的最高處。百段苑利用地景本身斜面打造，由一百個正方形花壇構成階梯狀，花朵隨著季節更換，登到最高處能夠俯瞰整個園區，天氣好時也能一覽遠方的大阪灣，非常壯觀。若對植物有興趣，也可以在安排行程時，多留點時間前往園區內的奇蹟之星植物館及鄰接於一旁的國營明石海峽公園，相信一定能被更多綠意所療癒。

複合式文化設施／淡路夢舞台
地址　兵庫県淡路市夢舞台 2
電話　079-974-1000
時間　依各設施而訂
網址　http://www.yumebutai.co.jp

安藤迷不可錯過
兵庫県立美術館

　　坐上高速巴士回到神戶市區，下一個前往的地點是同樣由建築師安藤忠雄設計的兵庫県立美術館。兵庫県立美術館的前身為1970 年開館的兵庫県立近代美術館，在阪神大地震後在 2002 年以兵庫県立美術館的全新面貌開館。原本的建築物則保留於原址，由兵庫県立美術館的分館原田の森ギャラリー（原田之森美術館）及橫尾忠則現代美術館使用。

　　兵庫県立美術館位於災後重新規畫的神戶東部新都心「HAT 神戶」區域內，距離最熱鬧的神戶市街約 2 公里，順著海岸線延伸開來，是神戶在災後「神戶市復興計畫」中最重要的代表性案例之一。從道路、街區開始，一草一木都重新規畫，最後打造出包含了防災研究、文化設施以及住宅等空間的新市鎮。

　　坐擁第一排海景，兵庫県立美術館地下一層地上四層的規模在關西區域可以說是數一數二，由多種幾何形體交錯出彷彿迷宮的空間，其中最具代表性的就是介於兩個建築量體之間串起整個縱

主要建築物前就是最具特色
的圓形露台。

面對著海岸線的廣場上也設置了
許多藝術作品。

map

向動線的圓形露台，優美而不規則的曲線在陽光照射下能展現出各種不同表情，是讓人無法停下快門的一隅，不光是用來展示藝術品，美術館的建築物就是藝術本身。

另外安藤忠雄和兵庫県立美術館的關係並沒有因爲美術館的完工而結束，2018 年安藤以美國詩人烏爾曼（Samuel Ullman）的詩篇《YOUTH》（青春）發想，在戶外露台打造了一座青蘋果雕塑，用鮮嫩欲滴而青澀未熟的青蘋果形象宣示青春並非年華而是心境，就算年紀增長，只要時時面對挑戰與成長，就能永保青春。而 2019 年第二展覽館 Ando Gallery 也接著開幕，館內免費參觀，保存了大量安藤過去作品的模型與圖面，若是當時無緣觀賞〈安藤忠雄展—挑戰—〉，來到神戶時就別再錯過這個能更了解安藤忠雄的機會了呀。

美術館／兵庫県立美術館
地址 兵庫県神戸市中央区脇浜海岸通 1-1-1
電話 078-262-1011
時間 10:00 ～ 18:00，週一休
網址 https://www.artm.pref.hyogo.jp
票價 特別展依展覽而定，常設展 ¥500

用復古建築包裹的鮮烈靈魂：
橫尾忠則現代美術館

　　說起神戶幾個知名美術館的身世實在有點錯綜複雜，在前篇也
有提到，原本的兵庫縣縣立近代美術館開館於 1970 年，新的兵庫
縣立美術館設立後，舊館在 2002 年 10 月成為兵庫縣立美術館王
子分館原田の森ギャラリー（原田之森美術館）。2012 年 11 月，
為了保存展示來自兵庫縣西脇市的藝術家橫尾忠則的捐贈及寄托
作品，兵庫縣立美術館王子分館的西館整修為簡約而帶有現代感
的空間，重新以橫尾忠則現代美術館之姿現身兵庫。

　　美術館由四層樓構成，四樓是橫尾忠則長年收集的作品收藏展
示空間以及資料室，需要事先預約的資料室存放有大量能一窺大
師祕密的各式資料，包含了設計稿、藏書、LP 唱片等等。二樓及
三樓均為展覽廳，雖然空間並不大但仍能親身接觸到豐富的大師
作品。訪問美術館時展出的〈橫尾忠則　自我自損展〉由橫尾忠
則本人擔任策展人，同時也是他首次在公立的美術館挑起策展人
的大梁。「自我自損」這看來陌生的詞彙也是來自橫尾忠則的自
創詞，其意義是他認為若太過固守成規會造成自己的損失。當時
展出的作品〈I'm Running Out of Time〉即為他在 1993 年繪製的
三島由紀夫肖像，但在 10 年後他又再度將此幅作品加上白色的

美術館頂樓的資料室，提前預約
可以入內閱覽。

時常出現在橫尾忠則作品裡的元素
之一：三岔路。

「I'm Running Out of Time」字樣，成爲嶄新的作品，同時也能看出橫尾忠則在藝術的道路上總不斷檢視自己，隨時不忘改變並進化的精神。

● 風格強烈的多才創作者：橫尾忠則

橫尾忠則出身於兵庫，雖然不曾受過正式的藝術設計教育，但在自己摸索繪畫及任職於印刷廠、報社的同時，漸漸形塑出獨特的風格，同時他也是日本廣告的設計重鎮「日本設計中心」創立初期的重要成員之一。他以平面設計作品揚名海外的同時，在紐約近代美術館受到畢卡索作品衝擊，於是決定以畫家身分繼續他的創作之路，不論是設計還是繪畫，橫尾忠則都擅長運用濃烈而對比強烈的色彩及具象語彙創造出超現實的畫面，另外他也曾出版多本小說及隨筆，極具創作能量，至今仍活躍於藝文領域。除了橫尾忠則現代美術館外，位於豐島的豐島橫尾館也能近距離接觸到許多作品眞跡。

該展覽中另一讓人印象深刻的作品是〈滝のインスタレーション〉（瀑布的裝置藝術），豐島的豐島橫尾館也有設置的此作是橫尾忠則近年裝置藝術的代表作品之一，他使用了約一萬張印有瀑布照片的明信片貼滿整個展覽空間的牆面，並在天花及地板裝設鏡子，抽取瀑布的意義並用明信片重塑出有著瀑布意象的空間，能夠體驗不可思議的浮遊感。

map

周邊商店絕對要記得逛逛呀！

　　另外要離開美術館前別忘了留些時間給一樓的周邊商店！以畫作或平面設計作品印製的明信片價格親人又輕巧，收藏起來毫無負擔，除此之外各式稀奇古怪的商品也不少，是個非常適合購買伴手禮的地方，藝術迷們不可錯過。

美術館／橫尾忠則現代美術館

地址　兵庫県神戸市灘区原田通 3-8-30
電話　078-855-5602
時間　10:00 〜 18:00，週一休
網址　https://ytmoca.jp/index.html
票價　¥700
　　　持有兵庫縣立美術館票根可享團體票價 ¥550

極簡粗糙卻細膩
VOICE OF COFFEE

　神戶是日本最早對外開放的港口城市，它迷人的地方之一在於集多元文化於一身。曾是外國人聚居地和貿易場所的舊居留地有著當時留下的棋盤式街道設計，櫛次鱗比的復古歐風建築彷彿置身歐洲。然而在不遠處的南京町則是關西唯一的中華街，建築物大都採用鮮豔的大紅裝飾，滿滿的燈籠吊掛在整個街區，塑造出了完全不同的街道氛圍。

　咖啡店 VOICE OF COFFEE 就位在南京町旁的街區，空間的前身是老式理髮店，設計師在翻修空間時選擇保留了理髮店原本的立面，並將入口退縮以留出一塊能夠等候或歇息的中介空間。水泥牆面及天花都以裸露的姿態呈現，加上玻璃與金屬材質的使用讓整家店看似冷調，原以為店主也會走有個性的冷淡路線，但在詢問了幾個關於咖啡豆的問題後，就能感受到笑容靦腆的店主對咖啡豆的熱情。堅持自家烘焙的 VOICE OF COFFEE 致力於呈現不同產地與不同處理法、烘焙度的單品豆能帶來的迥異風味，也因此店內的咖啡 MENU 也精簡到只有熱咖啡、冰咖啡和冰拿鐵三

保留了理髮店的立面和遮雨棚的外觀。　選好豆子後，由店主為我們手沖咖啡。

牆上也保留了些施工痕跡，讓空間更顯得俐落不做作。

種選項，選擇自己喜歡的豆種後再由店主親自從磨豆開始手沖製作，雖然需要花些時間，但沉浸在咖啡香氣當中的整個過程也彷彿一場儀式，就試著享受它吧！

咖啡座／VOICE OF COFFEE

地址 兵庫県神戸市中央区栄町通 3-1-17
電話 078-954-6226
時間 11:00 ～ 19:00，週三休
網址 http://voiceofcoffee.com/

曾經是日本古代的首都，奈良位居紀伊半島的中心，是日本少數
不靠海的縣之一。境內有著大量的森林與山地，像是以櫻花滿開
山景聞名的吉野山、和三重與和歌山相連的紀伊山地等。由於歷
史悠久，奈良還擁有全世界最古老的木造建築「法隆寺」，以及
全日本最古老的神社「大神神社」，飛鳥時代開始的史蹟也能在
「國營飛鳥歷史公園」見到，是最能夠感受古日本歷史的區域。

Part 5

| 旅館 |

與奈良共生的新旅宿
MIROKU 奈良 by THE SHARE HOTELS

　　傳說中奈良的鹿是神的使者，同時也是日本政府指定的「天然記念物」。多年前曾經看過一部日劇《鹿男あをによし》（鹿男與美麗的奈良），劇中的鹿會說話，從此對於這個傳說更加印象深刻，只要有訪問奈良，就必定要到奈良公園內看看這些特別的鹿。

　　身爲集團 THE SHARE HOTELS 旗下第九家飯店，MIROKU 奈良這次選擇了奈良公園荒池旁的舊建物做翻修，一樓咖啡廳「CAFE & BAR MIROKU TERRACE」露台就鄰接著公園，坐在露台就能看到鹿群在草地上散步。而「MIROKU TERRACE」厲害的不只是景色，請到奈良在地知名咖啡廳「くるみの木」（核桃木）監修的菜單運用了許多在地食材，例如使用奈良產大和茶製作的巴斯克起司蛋糕，還有自家製水果酒等，都能品嘗到專屬於奈良的風味。

　　在空間塑造上，MIROKU 奈良請到了有著不同風格的兩位建築設計師，芦沢啓治爲家具品牌「石卷工房」的創立者之一，他設

奈良產大和茶製作的巴斯克起司蛋糕。

使用在地素材吉野杉和飛鳥石製作的
入口空間。

1. 雖然很想在戶外露台用餐，但訪問當天剛好碰到下雨。
2. 餐廳內的藝術作品來自草編藝術家 ARKO。
3. 戶外露台與一旁的草地，運氣好時會遇到鹿群來訪喔。
4. Junior Suite with Japanese-style 房型，可以看見春日山原始林。

計的部分房型及一樓咖啡廳都顯得明亮而通透；奈良出身的佐野文彥大量使用了奈良特有的素材作爲材料，像是吉野杉、飛鳥石等，他設計的部分房型、地下公共空間及入口都呈現出帶有原始氣息，並極具魄力的空間感。

另外館內選擇使用的物件也都大有來頭，音響爲奈良的手工品牌「listude」，而燈具也來自當地，燈具品牌「NEW LIGHT POTTERY」僅在奈良設有 showroom，根據東京的設計師友人表示，這是最近設計師界大家都擠破頭想使用的燈，不管是外表或是實用性都評價極高。

MIROKU 奈良的概念源自於奈良的共生文化，作爲一個曾經繁榮的古都，奈良除了保有自身的歷史之外，也吸收外來文化並互相融合，在此能夠看到文化的共生、自然及都市的共生、人與鹿的共生、以及古今的共生。在實際層面上，MIROKU 奈良也特別致力於永續環保，包含使用再生能源、減少塑膠類和一次性的備品使用等。雖然要自行到一樓索取需要的多餘備品，但想想一旁的春日山原始林和草地上的小鹿，應該也就不會覺得麻煩了吧。

旅館／MIROKU 奈良 by THE SHARE HOTELS
地址 奈良県奈良市高畑町 1116-6
電話 0742-93-8021
時間 CAFE & BAR 11:00 ～ 23:00（最終點餐時間 22:00）
網址 https://www.thesharehotels.com/miroku/

立足奈良的現代藝術據點
Gallery OUT of PLACE

　　Gallery OUT of PLACE 是 2005 年在奈良市區開幕的現代美術藝廊，也曾以 TOKIO OUT of PLACE 的名義進駐過東京目前已歇業的展覽空間 3331Arts Chiyoda，但目前選擇留在奈良深耕。Gallery OUT of PLACE 隱身在熱鬧市街旁的狹窄巷弄深處，邊走眞的會忍不住懷疑這個地方眞的有藝廊嗎？但很快地就會被整排的藝術展覽傳單吸引住視線，仔細瀏覽過，不只有奈良當地，整個關西圈的展覽資訊幾乎都可以在這裡找到。

　　藝廊名稱「OUT of PLACE」來自於評論大師愛德華・薩依德（Edward Said）的著作名稱，「OUT of PLACE」意即「格格不入、不相稱的」，身爲巴勒斯坦人卻從小接受英美教育的薩依德終其一生都在探討身分認同的問題，他曾表示：「或許正是因爲沒有歸屬感，反而更能創造新的道路與價值觀。」曾經留法的經營者野村先生引用這個理念與書名，將國內外的現代藝術家作品帶入奈良，讓非藝術圈的一般客人也能更輕鬆地親近藝術。

抵達 Gallery OUT of PLACE 前的
路徑眞的十分狹窄。

深黑色外牆上的整排傳單十分顯眼。

展覽現場：〈under/over MASK〉，2023 年。

展覽空間／ Gallery OUT of PLACE
地址 奈良県奈良市今辻子町 32-2
電話 0742-26-1001
時間 依展覽而定
網址 https://www.outofplace.jp

奈良伴手禮第一品牌
中川政七商店 奈良本店

　　早在留學日本之前，到東京旅遊時就會到百貨公司內的中川政七商店去尋寶，看看有些什麼具有日本風情的東西可以帶回台灣當伴手禮，像是裝在鐵盒裡的抹茶糖，或是富士山造型的手燒煎餅等等，都曾讓台灣的朋友驚嘆不已。

　　擁有三百年歷史的中川政七商店創立於 1716 年的德川幕府時期，一開始只是單純的傳統麻織品「奈良晒」批發商，後來第十代傳人中川政七先生設立了工廠，開始製造生產麻織品，甚至將麻製的手帕帶到巴黎的萬國博覽會展覽，打響了自身的名號。不過品牌變得年輕化和開始廣為人知其實是 2008 年第十三代中川淳先生（後承襲中川政七之名，改名中川政七）繼任社長後的事了。他開始將品牌觸角往外延伸，商品不再只有麻製品，而是將更多的生活雜貨工藝品帶給消費者，並展示陳述工藝品背後的故事，除了提升本身的價值之外，也讓消費者對產品更有感情及興趣。

　　2021年，由建築師內藤廣設計的複合式商業設施開幕，中川政七商店的 logo 是鹿，設施內另外還有首次進駐關西的知名咖啡廳

空間內部的院子，也充滿日式風情。

深色木頭牆面上掛著每間店的名字。

中川政七商店

建築的外觀顯得既傳統又現代。

「猿田彥咖啡」，及由東京米其林一星餐廳「sio」營運，販售壽喜燒的餐廳「㐂つね」（狐），於是建築物就取三種動物，命名爲「鹿猿狐ビルヂング」（鹿猿猴大樓）。建築物乍看之下是傳統的町屋形式，但結構體其實是使用俐落的鋼構，卻仍然使用傳統的寸法去計算柱與柱的間距，大量使用玻璃也讓空間更通透與相容，在奈良古風的巷弄裡也不顯突兀，整體氛圍既傳統又現代，十分吻合品牌帶給人的感受。

除了上述店家之外，設施內還有可以享用日本茶或體驗日本茶道的「茶論」、保存有中川政七商店歷史的展示空間「時蔵」、能夠手作麻製品的「布蔵」（需提前預約），與共享空間「JIRIN」。「JIRIN」同時也是「N.PARK PROJECT」的基地，由十三代的中川政七先生開始，中川政七商店除了本業之外，也以自身經驗陸續輔導奈良爲主的小型企業並提供支援，在社長交接給第十四代千石あや小姐後仍然持續著，爲奈良的未來創造更多新的機緣，持續爲奈良的傳統工藝注入新氣象，傳遞給全日本與全世界。

生活用品店／中川政七商店 奈良本店
地址 奈良県奈良市元林院町 22 鹿猿狐ビルヂング
電話 0742-25-2188
時間 10:00 ～ 19:00
網址 http://nakagawa-masashichi.jp

融入當地日常的精品咖啡
ROKUMEI COFFEE

　　結束採訪在奈良市區閒逛的時候經過了 ROKUMEI COFFEE，馬上被有可愛小鹿的暖簾吸引了視線，剛好需要補充咖啡因的我們毫不猶豫就決定進去店裡坐坐，沒想到誤打誤撞遇上了厲害的咖啡。

　　店主井田浩司先生曾經獲得 2018 年 JCRC 日本咖啡烘焙大賽的冠軍，他希望能推廣精品咖啡，讓精品咖啡成為文化，融入一般大眾的生活，所以店內販售的咖啡豆除了單品豆之外，還推出了多款可以依照生活情境選擇的綜合豆。像是以店名命名的招牌 ROKUMEI BLEND 均衡溫和好入口，適合所有時候飲用。早上可以考慮有著清爽柑橘風味 MIKASA BLEND，果實感豐富的 KASUGA BLEND 能夠轉換心情，晚上則是可以選擇來杯略苦卻醇厚的 SARUSAWA BLEND。除了咖啡豆販售之外，上述綜合豆也都有包裝可愛的掛耳包提供零售，帶回台灣贈送給喜歡咖啡的朋友再適合不過！

販售咖啡豆的展架，除了豆子也有掛耳包。

忙碌的咖啡櫃台，手沖和義式都很多客人選擇。

map

經過就忍不住被吸引的小鹿暖簾！

咖啡廳／ROKUMEI COFFEE

地址 奈良県奈良市西御門町 31
電話 0742-23-4075
時間 9:00 ～ 18:00
網址 https://rokumeicoffee.com

位於關西區域的最南端，得天獨厚的地形與氣候條件
讓和歌山縣的農林漁業均十分發達，尤其以柑橘類和
梅子、柿子等水果爲最大宗。另外橫跨和歌山、奈良
及三重的「紀伊山地聖地及朝聖路」在 2004 年登錄
爲世界遺產，熊野三山、高野山及熊野古道都在區域
之內，是結合了神道及佛教，神佛習合的聖域。

和歌山
Wakayama

坐擁山海的世外桃源

Part 6

| 美術館 |

古今與和洋的共生
和歌山県立近代美術館

　　距離和歌山車站僅十分鐘左右車程，和歌山県立近代美術館和一旁的和歌山県立博物館同屬代謝派建築大師黑川紀章的作品。冷調的色彩及材質形塑出黑川紀章拿手的未來感，鑲嵌在水泥牆面的曲線扶手則加入了部分玩心。成列的巨大照明燈與圓弧層次屋頂分別發想自古代燈籠及屋簷，為整棟建築融入了部分日式風情，與和歌山城相望並呼應，也是反映了黑川紀章「共生思想」的最佳寫照。

● 由新陳代謝到共生思想：黑川紀章

　　說起黑川紀章，大部分的人可能都會想起早期以他為首發表的「新陳代謝論」，能以有機生命體的型態打造並隨時間再生、重組，雖然後續未以都市建設的方式成型。但這些代謝派的建築師們仍持續抱持著相同的理念並從不同的角度切入，而黑川紀章也以新陳代謝論為基調發展出了「共生思想」，去闡述各種建築與文化、環境之間的共生關係，巨大尺度的論述廣泛，除了設計界之外也影響了政治、社會及經濟等不同層面。晚年他甚至為了實踐理想中的社會而出馬競選東京都知事及國會議員，雖然最後以落選收場，但仍能看見他對於理想的奮鬥與堅持。

美術館有著具有黑川風格的未來感外觀。

館內的咖啡廳是有著大量書籍可以閱讀的「BRING BOOK STORE」。

開館於 1970 年，和歌山縣立近代美術館搜羅了許多生長在當地，或與和歌山有著地緣關係的藝術家作品，其中又以 80 年代的版畫爲最大宗，可以說是全日本近代版畫收藏最爲豐富的美術館之一。而後收藏的版圖更跨足關西區域甚至海外，由明治時期至今的版畫、日本畫、油畫、雕刻等作品加總起來總數超過一萬件，不管是透過常設展或是企畫展，都能一窺這些作品的風貌。

美術館甫成立時位於縣民文化會館的一樓，在 1994 年才轉移到現址。當時正處於日本的泡沫經濟時期，或許也因爲這樣，和歌山縣立近代美術館使用空間的方式近乎奢侈，寬敞的樓梯和大幅度的挑空讓美術館的空間本身更加超脫日常，大量的玻璃開窗除了導入自然光外，也讓整個空間更顯通透。

除了需要避免光線以免變質的畫作絕對需要放置在一般展示廳外，這次造訪觀賞館藏作品展時，對於設置在半戶外露臺處，雕刻家鈴木久雄的作品特別印象深刻。通往露台的玻璃門隱藏在同樣造型的玻璃牆面中，若不是仔細尋找很可能就會錯過。而推開這個猶如隱藏關卡的門後，使用不鏽鋼製作的作品群就出現在眼前，鈴木久雄擅長以金屬與石材的組合演繹時間、距離與速度，透過反覆熔接與鍛造打造出的巨大雕刻極具魄力，比起遠遠眺望，親身遊走在其中更能感受作品的尺度及魅力。雖然露台的作品會隨著展覽與時間更換，有機會到訪時別忘了去找找看這個玻璃門，把握這個與作品近距離接觸的好機會。

map

戶外的廣場空間，可以看出整體尺度的巨大。

美術館／和歌山県立近代美術館

地址 和歌山県和歌山市吹上 1-4-14
電話 073-436-8690
時間 9:30 ～ 17:00，週一休
網址 http://www.momaw.jp
票價 特別展依展覽而定，常設展 ¥350

把珍藏放入日常
norm

　　印象中是某天閒來無事點閱著空間設計網站的文章時，和歌山設計公司 THE OFFICE 的作品「貴志川之家」恰巧映入了眼簾，閱讀完文章馬上就被那簡約卻仍富含溫度及生活感的設計風格打動，迫不及待按下通往 THE OFFICE 官方網站的連結後，又看到更多包含了住家、guesthouse、店家等的設計案例。其中選物店 norm 混合新舊而空靈脫俗的風格特別讓人印象深刻，這次決定要前往和歌山後馬上毫不遲疑的將 norm 排入待訪名單當中。

　　norm 所在大樓爲登錄有形文化財，是大正年間後期所建造的建設公司總部，在逃過戰爭災害波及後保留至今。經過多次易主，norm 在 2017 年進駐，在店主坂上先生的精心挑選下，店內有著許多充滿藝術感的生活用品與擺件，並不定期舉辦藝術家展覽與各式活動。我旅居東京時就十分喜愛的古道具花店「はいいろオオカミ＋花屋西別府商店」也連續三年在 norm 舉辦了展覽，他們長期以來的題材「古」與「生」也恰好和 norm 切合，2019 年的展覽〈in the crowd〉結合俄羅斯古道具與植物裝置，甚至將展演結合鋼琴表演，帶來更多不一樣的藝術養分。

可以看見牆壁紋理的角落。

陽光灑落的空間十分美麗。

map

位於建築物二樓的 THE OFFICE 辦公室。

　　抵達 norm 當天透過店主坂上先生的牽線，也認識了 THE OFFICE 的主理人柏原先生，原來 THE OFFICE 就位於同大樓的二樓，我們不止厚臉皮地參觀了人家的辦公區域，甚至還意外得到了設計者本人的導覽。一般的室內裝修注重的是添加的過程，刷上油漆鋪上地板以改變空間的狀態，然而柏原先生在設計 norm 時爲了呈現時間的紋理，選擇將過去的塗裝層層剝除，留下不完美的部分，以水泥牆及地面的原始質感示人，窗框也重新塗上大樓建造當時使用的灰藍色，讓空間本身也能訴說歷史，搭配起店內物件及展覽都更有味道。

選品店／norm

地址　和歌山県和歌山市小野町 3-43
電話　073-499-8867
時間　展覽期間營業
　　　詳細營業日程請於官方 instagram 確認
網址　http://www.norm-s.jp/

砂糖倉庫中的療癒料理
窓話

結束了 norm 的拍攝後，詢問了坂上先生與柏原先生附近是否有其他推薦景點，兩人異口同聲地推薦了同樣由 THE OFFICE 設計的餐廳：窓話。其實原先也曾在 THE OFFICE 的官網上被窓話的照片吸引，但在評估時間與交通方式後忍痛放棄了。沒想到柏原先生不只協助聯絡了窓話的店主新田小姐，甚至還驅車載著我們前往（最後結束採訪還把我們送回和歌山車站，實在是太感激了），讓我們順利在天黑之前抵達了離和歌山車站不遠的窓話，曾經是批發商店群聚之處，目前也有著零星商店靜靜佇立。

窓話的空間由砂糖儲存倉庫改建，本身空間就已經狹長，採光也僅靠著深處的一扇窗及幾扇零星天窗導入光線，木質牆面和工作空間的包夾下形成入口走道，繼續前進後則可以看到纖細木桁架建構出的屋頂，以及新田小姐穿梭其中的暗粉紅色的吧台。入口立面處也使用了相同的顏色，我好奇地詢問了選色的原因，柏原先生說這個顏色是日本傳統色中的「小豆色」，日文中的「小豆」指的是紅豆，小豆色比起一般的粉紅色更加氣質而沉穩，整個木質色調的幽暗倉庫襯著這座吧台，也讓空間更顯柔軟。

味道溫暖的薄片梨子塔佐焦糖冰淇淋。　　由倉庫改造的木質空間帶有柔軟溫度。

略暗的空間由窗戶透進光線，塑造出安靜的氛圍。

　　新田小姐在窗話之前曾經以 souwa 為名，製作具有故事性的甜點，而窗話則是在延伸之下發展出來的食物企畫，使用和歌山土生土長種植的蔬果，將料理也當作一道道的作品去表現。當天享用的梨子塔被仔細地切成薄片，再堆疊至塔皮及內餡上，搭配焦糖口味的冰淇淋入口，是乾淨而帶有手作溫暖的味道。下次再訪窗話的話，也想品嘗看看新田小姐的料理呢。

餐廳／窗話

地址 和歌山縣和歌山市新中通 4-9
電話 073-499-7005
時間 預約制，週五～週日
　　　12:00 ～ 14:30 / 18:30 ～ 21:00，夏季午餐提早至 11:00
　　　詳細營業日程請於官方 instagram 確認
網址 https://www.souwa15.net

| 交通建議 |　　關西地區有多種交通系統，在出發前依據你的需求
先做好功課，挑選最適合的交通手段吧！

滋賀

滋賀的各個旅遊景點分布較廣，當初前往的時候是從京都飯店附近租車，從京都市區開車前往信樂大約是 50 分鐘。如果有在日本租車的打算，記得在台灣先換好駕照譯本並先上網預約，以避免現場沒車可租的狀況。

京都

大家對京都的交通印象通常是公車，移動範圍廣的話可以考慮購買無限次數搭乘地鐵與巴士的一日券。但根據在地朋友的說法，京都人最喜歡坐計程車，就算短程移動也一樣！Uber 在京都有與計程車公司 MK Taxi 合作，不需重新設定即可直接叫車，旅程時間有限的話可以試試。

大阪

在關西的六個都市當中有著最爲便捷的大衆運輸工具，密集的鐵路車站可以抵達大部分的觀光景點。但 JR 要換乘大阪地鐵、阪急電鐵等其他公司的路線時會需要出站再入站，尤其大阪／梅田區域眞的有點複雜，小心不要迷路啦～

兵庫

從大阪坐電車至神戶大約是半小時車程，三宮站則是神戶市區最重要的交通樞紐，要前往有馬溫泉和淡路島等地的高速巴士幾乎都可以在此乘坐，但因高速巴士都需要對號入座，建議事先買好來回車票喔！

奈良

奈良有兩個大型車站，分別是 JR 奈良站和近鐵奈良站，而近鐵奈良站較接近東大寺、春日大社，書中介紹的點也都在徒步可達的範圍之內。和京都一樣，越古老的都市或許交通越不便，但散步也是最能深度體驗當地土地風情的方式。

和歌山

和歌山和奈良一樣屬於可居住地面積狹小的城市，訪問時由於只在不大的市區短距離活動，就選擇了乘坐公車，最後甚至讓受訪的設計師開車載了我們一程……要特別注意的是和歌山車站也有兩個，分別是「和歌山」和「和歌山市」，千萬不要搞錯了。

| 後記補充 | 還有一些因篇幅或區域而未收錄進去的美術館、藝廊和展覽空間，也同樣推薦！

滋賀｜美術館｜

滋賀県立陶芸の森

https://www.sccp.jp

結合了陶藝美術館、販售信樂燒的產業展示館、提供世界各地藝術家駐村的創作研修館以及廣場，1990 年開幕的滋賀県立陶芸の森可以說是陶藝的主題樂園，廣大的戶外空間也有著許多大型陶藝雕塑作品展示，可以同時享受結合陶藝、藝術與自然的時光。

京都｜美術館｜

福田美術館

https://fukuda-art-museum.jp

坐落於嵯峨嵐山的渡月橋旁，福田美術館的建築物以京都町家為藍圖，融合傳統樣式與現代美學，館藏以江戶時代至今的日本畫家為主，館內並設的咖啡廳是法國吐司排隊名店「BREAD, ESPRESSO &」，可以搭配渡月橋風景一起享用。

京都｜展覽空間｜

imura art gallery

https://www.imuraart.com

imura art gallery 創立於 1990 年，在京都與東京都有據點，同時也設有出版部門「imura art + books」，出版了多本旗下藝術家的作品集。雖然距離岡崎區域有一小段距離，但腳力夠的話仍推薦一同造訪。

京都｜展覽空間｜

KIKAgallery

https://kikagallery.com

KIKAgallery 就位在京都府立植物園對面的巷弄內，在京都有許多藝廊都主打主推在地藝術家，KIKAgallery 以比例來說國外藝術家展覽也有相當的比重，是風格現代並具有國際視野的當代藝術藝廊。

京都｜展覽空間｜

京都 ddd gallery

https://www.dnpfcp.jp/gallery/ddd/

京都 ddd gallery 是東京 ggg 的姐妹空間，同樣由世界最大規模的印刷公司大日本印刷株式會社設立，是關西少有，專營平面設計的展覽空間。2022 年搬遷至由隈研吾翻修的 COCON KARASUMA 古今烏丸內，除了展覽也別忘了逛逛建築物本體。

大阪｜美術館｜

藤田美術館

https://fujita-museum.or.jp

館藏品主要來自日本實業家藤田傳三郎家族，收藏有包含曜變天目茶碗等九項國寶的藤田美術館鄰近大阪城，1954 年落成，經歷了五年的大規模修繕後，於 2022 年重新開放。由大成建設打造的新建築風格現代而簡約，但也重新利用了部分舊建築的組件，形成了獨特的空間感，也更具傳承意義。

大阪｜美術館｜

あべのハルカス美術館（阿倍野 HARUKAS 美術館）

https://www.aham.jp

許多人訪問大阪時都會前往阿倍野 HARUKAS 的展望台觀賞風景，其實這座日本第二高樓除了與近畿日本鉄道的大阪阿部野橋站、近鉄百貨店共構之外，16 樓還有一間美術館，策展內容多元，在這個方便訪問的地方讓藝術成爲更容易親近的存在。

大阪｜展覽空間｜

Gallery Nomart

https://www.nomart.co.jp

以 nomad（遊牧民）＋ art（藝術）的造字「Nomart」爲名，創辦人在還是大學生時就創辦了版畫工房 Nomart，其後在 2009 年擴張成爲展覽空間，巨大的空間尺度能夠展出更自由的大型裝置作品，同時也常舉行前衛音樂表演。

大阪｜展覽空間｜

+1 art

http://www.plus1art.jp

鄰近於空堀商店街，這個區域躲過了戰爭波及，許多舊時代的町家和長屋也得以保存下來，帶有濃濃的明治昭和時期風情。+1 art 於 2014 年開幕，以「聲音」爲主題，顛覆一般以視覺爲主的作品，似乎能夠邂逅更廣闊的藝術。

大阪｜展覽空間｜

O ギャラリー eyes（O Gallery Eyes）

http://www2.osk.3web.ne.jp/~oeyes/

O ギャラリー eyes 位在離中之島不遠的天滿，同時也在東京銀座設有據點，合作藝術家從年輕到知名，以繪畫爲主的展覽內容大多現代而明快，官方的 Youtube 頻道也上傳了由 2012 年開始的每一檔展覽現場，值得一看。

大阪｜展覽空間｜

TEZUKAYAMA GALLERY

https://tezukayama-g.com

1992 年開幕，2010 年搬遷至熱鬧的南堀江現址，TEZUKAYAMA GALLERY 致力於將國外藝術家帶進日本，並引領日本年輕藝術家至國際。如果希望看到更多除了繪畫之外的作品，TEZUKAYAMA GALLERY 以比例來說常有裝置展出，可以多加注意。

大阪｜展覽空間｜

Pulp

http://pulpspace.org

2010 年才開幕的 Pulp 從年資到風格都是很年輕的藝廊，除了時髦前衛的藝術作品之外，也常有設計師、插畫家在此展出。同時 Pulp 也執行藝術企畫工作，位於北浜的複合式商店 POL 內也能看到 Pulp 企畫的展覽。

兵庫｜美術館｜

芦屋市立美術博物館

https://ashiya-museum.jp

芦屋市立美術博物館開館於 1991 年，建築由坂倉建築研究所設計，創始人坂倉準三曾與柯比意一同打造國立西洋美術館，芦屋市立美術博物館的細節也能看到部分類似的建築語彙運用。博物館旁還有日本文豪谷崎潤一郎的紀念館可以一同走訪。

兵庫｜美術館｜

西脇市岡之山美術館

http://www.nishiwaki-cs.or.jp/okanoyama-museum/

東經 135 度和北緯 35 度的交會處是日本列島的中心點，也有「日本的肚臍」的暱稱。這裡興建了一座「日本へそ公園」（日本肚臍公園），西脇市岡之山美術館就位在其中。館內收藏了西脇市出身的藝術家橫尾忠則為主的作品，建築則由後現代建築大師磯崎新設計。

奈良｜博物館｜

東大寺ミュージアム（東大寺博物館）

https://www.todaiji.or.jp/information/museum/

以大佛聞名的東大寺除了大佛、寺殿和爬過就能保平安的柱子洞之外，東大寺境內的東大寺綜合文化中心內還有東大寺博物館可以參觀。以「東大寺的歷史與美術」為主題，可以看見許多東大寺所藏的國寶和重要文化財。

奈良｜美術館｜

大和文華館

https://www.kintetsu-g-hd.co.jp/culture/yamato/

為了紀念近畿日本鐵道創立五十周年，大和文華館因此設立，館藏以東洋古美術為主。建築師為擅長用現代手法建構和風建築的吉田五十八，同時建築物也成為被知名建築協會 DOCOMOMO Japan 評選為近代建築的代表性建築物之一。

和歌山｜美術館｜

熊野古道なかへち美術館（熊野古道中邊路美術館）

https://www.city.tanabe.lg.jp/nakahechibijutsukan/

中邊路是熊野古道的七條參拜路線之一，熊野古道なかへち美術館就坐落在中邊路的中心點附近。收藏了當地藝術家的作品，宛如玻璃盒子的建築則出自妹島和世和西澤立衛的建築組合 SANAA 手筆，不管是古道或建築的朝聖者都能在此歇息。

關西ART小旅

拜訪美術館、咖啡廳及設計旅宿，激發靈感的美感路線提案

作　　　者　　蔡欣妤（Deby Tsai）
攝　　　影　　蔡欣妤（Deby Tsai）、蔡慶霖（Tony Tsai）
裝幀設計　　李珮雯（PWL）
校對協力　　沈裕昌
責任編輯　　王辰元

發 行 人　　蘇拾平
總 編 輯　　蘇拾平
副總編輯　　王辰元
資深主編　　夏于翔
主　　編　　李明瑾
業　　務　　王綬晨、邱紹溢
行　　銷　　廖倚萱

出　　版　　日出出版
　　　　　　台北市 105 松山區復興北路 333 號 11 樓之 4
　　　　　　電話：（02）2718-2001　傳眞：（02）2718-1258

發　　行　　大雁文化事業股份有限公司
　　　　　　台北市 105 松山區復興北路 333 號 11 樓之 4
　　　　　　24 小時傳眞服務（02）2718-1258
　　　　　　Email：andbooks@andbooks.com.tw
　　　　　　劃撥帳號：19983379
　　　　　　戶名：大雁文化事業股份有限公司

初版一刷　　2023 年 9 月
定　　價　　520 元
Ｉ Ｓ Ｂ Ｎ　　978-626-7261-87-3
Ｉ Ｓ Ｂ Ｎ　　978-626-7261-86-6（EPUB）

國家圖書館出版品預行編目 (CIP) 資料

關西 ART 小旅：拜訪美術館、咖啡廳及設計旅宿，
激發靈感的美感路線提案／蔡欣妤（Deby Tsai）著.
-- 初版 . -- 臺北市：日出出版：大雁文化事業股份
有限公司發行，，2023.09
　面；公分
ISBN 978-626-7261-87-3（平裝）
1. 旅遊 2. 日本關西

731.7509　　　　　　　　　　　　　112013419